LA BARBE ET LE BIBERON

Tristan CHAMPION

LA BARBE ET LE BIBERON

MARABOUT

À Louise.

Sommaire

Avant-propos

Comment je suis devenu père engagé

Je ne dirais pas que je suis devenu engagé sur un malentendu, mais presque. Sur un hasard, sans doute. Celui de ma rencontre avec Louise, mon épouse norvégienne, qui m'a fait découvrir son pays, sa culture, son mode de vie et, à travers la naissance de notre deuxième enfant, sa politique familiale. Car, avant elle, honnêtement, je me sentais peu concerné par la question égalitaire.

D'ailleurs, lorsque nous habitions en France et que notre premier enfant, Émile, est né à Paris à l'hôpital public de Trousseau, j'ai posé trois jours de congé de naissance, puis deux semaines de congé de paternité. Je me suis vaguement renseigné sur les congés parentaux et ai découvert qu'ils étaient peu rémunérés[1]. Alors, entre le loyer parisien à payer, le risque de pénaliser ma carrière et le fait que, dans mon entourage, aucun homme ne s'arrêtait, je n'ai pas envisagé de m'impliquer davantage.

Louise s'est naturellement occupée d'Émile durant ses trois mois de congé maternité, jusqu'à ce que nous ayons trouvé, en croisant les doigts, une place en crèche. Ou, plus réaliste, une nounou en garde partagée. J'écris « nous », mais c'est sans doute elle qui aurait entrepris toutes ces démarches si nous n'avions pas, quelques mois plus tard, quitté Paris pour Oslo.

À cette époque, je ne m'intéressais pas aux questions d'égalité entre les femmes et les hommes, n'épluchais pas les études soulignant qu'un

1. Allocation CAF mensuelle de 397,20 euros (source : site service-public.fr).

déséquilibre entre la durée du congé maternité et celle du congé paternité peut pénaliser les femmes sur le marché du travail ou que la naissance d'un enfant renforce l'inégal partage des tâches au sein des couples[2]. À cette époque, je n'avais pas encore écrit avec Patrice Bonfy, autre père engagé, la tribune qui clôt ce livre.

Mais j'étais tout de même sensible aux différences liées à l'arrivée d'un nouveau-né que j'observais. Mes amies ou collègues femmes connaissaient toutes des enjeux professionnels délicats : stress d'annoncer un congé maternité à leur responsable, crainte de l'impact sur leur carrière ou de voir leur remplaçant accomplir un meilleur travail qu'elles. Beaucoup étaient revenues transformées par leur maternité, privilégiant de manière voulue ou subie leur vie personnelle autour des enfants. Mais je n'y voyais rien d'illogique ni d'injuste, car ma réflexion s'arrêtait à : « Les mères accouchent, elles allaitent, c'est donc elles qui s'arrêtent. »

Ma vision a changé quelques années plus tard, à l'arrivée de notre deuxième enfant. Notre fille Nora est née en Norvège, à Oslo, où nous sommes installés depuis plus de trois ans. J'ai donc découvert le modèle scandinave de la paternité, sur les terres d'un des pays les plus avancés sur les questions d'égalité femme-homme[3]. Et j'ai été plongé dans un quotidien inédit. Car ici, contrairement à la France où seulement 4 % des pères tentent l'aventure d'un congé parental, 70 % des pères interrompent leur travail au moins trois mois pour s'occuper de leur bébé. Non seulement les hommes s'arrêtent longtemps mais, défi supplémentaire, ils s'occupent seuls de leur bébé. Comme des grands. Comme des hommes. Des vrais ?

Le système auquel j'ai dû m'adapter a pour nom « congé parental alterné ». Alterné, car le congé paternité n'a pas lieu pendant le congé maternité. Ici, c'est chacun son tour. Les parents se relaient sur une période de dix mois pendant laquelle l'État les indemnise de leurs salaires[4] dans leur totalité. Pas de perte de revenus pendant la période, donc : le modèle est

2. Hélène Périvier, « Réduire les inégalités professionnelles en réformant le congé paternité », *Policy Brief OFCE*, n° 11, janvier 2017.
3. *Global Gender Gap Report*, World Economic forum, 2018.
4. Plafond fixé à 5 800 euros brut par mois et par parent. Si le salarié a un revenu supérieur, les entreprises peuvent, si elles le souhaitent, financer la différence.

généreux et incitatif. Bien pensé, il offre aussi une flexibilité au couple grâce au concept dit « des trois tiers ».

- Le premier tiers de la période de congé parental est réservé à la mère (ou premier parent). Appelé « quota de la mère », il garantit trois mois de « congé maternité ».
- Le deuxième tiers est réservé au père (ou deuxième parent). Appelé « quota du père », il est également de trois mois. Ce congé paternité est non transférable à la mère. Si le père ne le prend pas, il est perdu pour le couple.
- Le troisième tiers, appelé « quota à partager », dure environ quatre mois. Il permet au couple de se répartir le restant du congé comme il le souhaite.

J'ai changé de repères face à ces nouvelles règles du jeu. Louise souhaitait que l'on partage équitablement notre congé parental et j'ai accueilli sa proposition sur la défensive, prisonnier de mon héritage culturel, projetant une période d'ennui seul avec ma fille, chahuté dans mon rapport à la masculinité voire à la virilité, inquiet par rapport à ma carrière car je risquais de rater une promotion.

Je me suis laissé progressivement influencer par une société qui, depuis trente ans, déconstruit les stéréotypes de genre. Chacune de mes barrières s'est effondrée, et j'ai même trouvé plaisir à ressembler à la nouvelle génération de pères qui m'entoure. Je me suis transformé en père décomplexé, fier de s'occuper seul de sa fille durant cinq mois, affrontant déboires et réussites à sa manière.

Le décalage avec mon expérience française est flagrant et est devenu le moteur de mon engagement. J'ai réalisé que c'est parce que je m'occupais « seul » de ma fille que nombre d'obstacles à l'égalité entre les hommes et les femmes sont tombés : investissement dans l'éducation des enfants, partage des tâches, charge mentale, équilibre vie personnelle/vie professionnelle.

En passant d'un système français où les rôles étaient figés, avec l'homme en simple copilote, à un schéma norvégien basé sur la concertation et où chacun prend, tour à tour, les commandes, j'ai compris la force du modèle viking. Pour moi, c'est une évidence : c'est ce dont la France a besoin. En incluant les hommes dans la question féministe, la société norvégienne a réussi à opérer une transition sans heurts entre l'ancien système patriarcal et un nouveau modèle révolutionnaire.

C'est donc avec la volonté d'inspirer la politique familiale française que je partage mon itinéraire de parent gâté en Norvège. Derrière le ton léger des chroniques, le propos est engagé. De l'annonce de la grossesse de ma femme à mon retour au travail après cinq mois d'absence, j'ai sélectionné des étapes clés de ce quotidien inédit. Des scènes où se mêlent actions, discussions, réflexions et situations que je n'avais pas vécues en France pour ma première paternité.

Alors réveillons-nous ! Entamons une réflexion ambitieuse et moderne autour des congés parentaux. Le congé parental alterné est un pilier incontournable de la question égalitaire. Loin d'être un sujet de société poids plume, il appartient bien à la catégorie poids lourd. Et c'est pour cela que j'en ai fait mon combat. Sans gants de boxe, certes, mais avec *La Barbe et le Biberon*, je compte bien frapper fort. En refermant ce livre, j'espère que, vous aussi, vous monterez sur le ring.

Les règles du congé parental en Norvège

	Semaines de congé parental rémunérées à 100 %	Semaines allouées au quota de la mère (congé maternité)	Semaines de congé à partager librement dans le couple	Semaines allouées au quota du père (congé paternité – non transférable)	Semaines de congé de naissance pour les pères
2018	49	15 + 3 avant accouchement	16	15	2

Depuis 2018, quarante-neuf semaines de congé parental sont indemnisées pour les parents à la naissance de l'enfant. Pour la mère, il existe un congé maternité obligatoire de quinze semaines, auxquelles s'ajoutent trois autres avant l'accouchement. Pour le père, ce sont deux semaines de congé de naissance (dont une obligatoire) et quinze semaines de congé paternité, le plus souvent pris en fin de la période. Au milieu, il est possible de répartir librement jusqu'à seize semaines de congé entre la mère et le père.

La vision théorique du modèle présente beaucoup d'avantages.

— Son approche égalitaire (même durée de quota pour la mère et le père) permettrait de lisser les discriminations sur le marché du travail. En effet, pour l'employeur, le risque maternité se transforme en risque parentalité. Même si, dans les faits, les mères norvégiennes s'absentent plus longtemps, recruter un homme peut générer la même absence qu'une femme.

— L'alternance responsabiliserait les hommes dans leur relation à l'enfant et encouragerait le partage des tâches domestiques au profit des femmes. Sur le long terme, il impliquerait davantage l'homme dans son foyer.

— La période à partager permet au foyer de s'organiser selon les priorités et les envies du couple.

— Budgétairement, l'alternance est avantageuse pour l'État, car elle permet de couvrir une longue prise en charge de l'enfant par les parents. La Norvège n'accueille les enfants en crèche qu'à partir de l'âge d'un an.

Le choix du roi

Devenir père dans le pays champion de l'égalité homme-femme

Oslo, 17 mai 2017

Si j'étais de mauvaise foi, je dirais que Louise saisit l'opportunité de sa fête nationale pour me tendre le guet-apens du siècle. « Je souhaite vraiment que tu prennes cinq mois de congé paternité », me répète-t-elle alors que nous empruntons la rue Markveien, qui ressemble pour moi à une impasse. Esseulé au milieu de tous ces drapeaux norvégiens, assourdi par les fanfares des écoliers d'Oslo, coincé entre les poussettes des familles habillées en costume traditionnel, je tente désespérément de déjouer ce traquenard scandinave. Je peaufine mon raisonnement pour ne pas finir en nounou viking.

« Tu sais très bien que je suis distrait, étourdi. Je perds régulièrement mes clés. Comment peux-tu me faire confiance pour m'occuper seul cinq mois de notre futur bébé ? » Je mise tout sur cet argument, auquel Louise, enceinte de trois mois, devrait être sensible.

« Tu feras comme tous les pères norvégiens », me répond-elle, galvanisée par l'élan patriotique du jour. Le folklore national lui avait manqué pendant notre vie parisienne. Mais voilà déjà trois ans que nous habitons à Oslo et, plus qu'en son mari tête en l'air et mal rasé, elle a confiance dans l'organisation de son pays.

Je dois trouver autre chose.

« Mais tu sais bien que ce n'est pas dans ma culture. Personne ne fait ça en France ! » Émile, notre fils aîné âgé de trois ans, installé sur mes épaules, souffle dans un harmonica et ajoute sa cacophonie aux trompettes et cymbales qui nous entourent. Il me déconcentre dans ma défense et me force à élever la voix. Heureusement, les passants ne comprennent pas le français, et nous pouvons dérouler notre scène de ménage publique en criant librement.

« Tu peux répéter ? demande d'ailleurs Louise avec un accent légèrement germanique, tandis que nous nous dirigeons, rituel oblige, vers le château de la famille royale.

— Je dis que je ne suis pas vraiment motivé à cette idée. C'est ton modèle, pas le mien ! » Émile chante fort dans mes oreilles et je n'ose le disputer dans ce pays où l'enfant est roi et le père autoritaire prié de revoir ses valeurs.

— Oui, mais maintenant on vit en Norvège, pas en France ! répond-elle, me rappelant tous les efforts qu'elle a consentis pour s'adapter à la vie parisienne.

— Mais tu te rends compte de ce que ça signifie pour moi d'arrêter mon travail pendant si longtemps ? Et qu'est-ce que ma responsable, Susan, va dire ?

— Mais il n'y a pas que le travail dans la vie ! Tu feras comme toutes les femmes du monde », enchaîne Louise, impassible mais souriante, saluant les passants comme si de rien n'était.

Louise fait manifestement fi de mes ambitions professionnelles. Dans cette négociation en terre étrangère, je perds du terrain. Elle ringardise et balaye un par un tous mes arguments. Dans les couples binationaux, le droit du sol prime toujours.

Elle continue : « Pour moi, c'est surtout très important que tu sois un père impliqué et que tu prennes plaisir à t'occuper de ton futur bébé comme on le fait ici. »

Comme beaucoup de Norvégiennes, son attachement à l'égalité entre les hommes et les femmes la guide dans les décisions impliquant la vie familiale. Elle considère la répartition du congé parental comme un élément important du partage des tâches à la maison et du rôle du père dans l'éducation. Pour la naissance d'Émile, à Paris, elle a mis entre parenthèses son féminisme scandinave car, culturellement, la société française ne favorise pas les congés parentaux. Mais, au pays des drakkars, le bateau féministe refait surface et les pères doivent tous monter dans cette galère. Apparemment, moi y compris.

« Mais ce n'est pas parce que l'on partage notre congé parental en deux parties égales qu'on est un couple plus égalitaire ? Je serai un bon père même si je ne prends pas un long congé. Regarde, pour Émile, je n'ai eu que onze jours et...

— Et... justement, c'est moi qui ai tout géré. »

Nous quittons notre quartier de Grünerløkka et traversons la rivière d'Akerselva puis empruntons la rue pavée de Torgata. Pendant notre trajet, Louise se lance dans une longue tirade, un discours universel sur l'égalité homme-femme. Enseignante en histoire, elle m'explique, d'un ton professoral légèrement irritant, que, sous l'impulsion du « premier gouvernement des femmes » en 1990, la Norvège avait introduit le concept de « l'homme à la maison ». La Première ministre Gro Harlem Brundtland avait alors engagé la réforme de transformation du congé maternité exclusivement réservé aux mères en congé parental à partager. Aujourd'hui, à la naissance de l'enfant, chaque couple norvégien peut ainsi se répartir dix mois de congé dont quasiment trois sont réservés au père et non transférables à la mère.

« Tu vois, le congé paternité, c'est trois mois, pas cinq ! C'est déjà énorme, trois mois !

— Non, trois mois, c'est ton quota minimum ! Comme le quota de la mère. Il nous en reste quatre à nous répartir. Moi, je trouve préférable qu'on partage moitié-moitié », répète Louise alors que le cortège de sa classe de collégiens passe près de nous.

C'est la fête nationale ou c'est ma fête ? Autour de nous, la rue est noire de monde, les enfants crient et les cortèges défilent. Nous rejoignons bientôt l'avenue Karl-Johan qui donne sur le château.

« Tristan, tu es un super papa avec Émile. Tu joues beaucoup avec lui, je sais que tu peux être très patient avec les enfants. Et puis tu feras comme tout le monde, tu t'adapteras », enchaîne-t-elle, directive.

Puis Louise me rappelle avec fierté que ce modèle scandinave est unique au monde et ajoute un détail important : l'État indemnise les congés parentaux à hauteur de 100 % du salaire, car c'est le seul moyen qu'il ait trouvé pour inciter les hommes à quitter leur travail.

J'avoue, l'argument est de taille. S'occuper de son enfant dans de telles conditions est un luxe qu'il paraît délicat de refuser, à moins d'être un papa goujat.

« Profites-en, cela n'arrivera qu'une fois dans ta vie ! » conclut-elle avec enthousiasme.

— Ah oui, si cela se réalise, ce sera une fois, pas plus ! »

J'ajoute, perfide, ne pas être étonné que la Norvège ait de gros problèmes de natalité[5] si elle force les pères à rester avec leurs enfants...

Louise me tend deux drapeaux norvégiens en m'incitant à les agiter. Elle m'encourage à voir le futur biberon à moitié plein : « Regarde tous les côtés positifs plutôt que de faire ton Français râleur ! » Elle attend visiblement de ma part plus de manifestation de joie en ce jour du 17 mai qui célèbre l'adoption officielle de la constitution de la Norvège en 1814 et son indépendance par rapport au royaume du Danemark.

« Et chez toi, où est passée l'humilité norvégienne ? » Cette prétendue supériorité des modèles scandinaves qui ressemblent parfois à une dictature du bonheur m'énerve.

Je saisis les drapeaux et les agite par mimétisme, alors que, autour de moi, force est de constater qu'Oslo s'illumine. Après une longue période d'hibernation, durant laquelle l'obscurité de la ville plonge les habitants dans un quotidien casanier, la fête nationale ressemble à une délivrance. Finies l'assignation à résidence, les neiges interminables et les températures hivernales. Place à la lumière ! Oslo revit depuis quelques semaines grâce à son soleil de minuit. Aujourd'hui, les habitants manifestent leur bonheur dans une ambiance légèrement alcoolisée. Il est midi et la fête ne finira pas avant longtemps.

Du balcon de son château à l'architecture bien plus sobre que Versailles, le roi Harald agite les mains pour le plus grand plaisir d'une foule aux

5. Taux de fécondité historiquement bas en Norvège : 1,82 enfant par femme. – Source : ONU, 2018.

visages rayonnants. Je dois ravaler mon idéal républicain pour accepter la symbolique de la monarchie. Pour faire preuve de bonne volonté, j'esquisse un sourire lorsque Louise croise mon regard. « Oui, oui, c'est vraiment bien la Norvège... » Mais quand même, saluer un roi plus de deux cents ans après la Révolution française...

En regardant le roi Harald face à la foule, je ne peux m'empêcher de me comparer à lui. Nous sommes deux hommes sans autorité. Seul homme à la tête de la Norvège, le monarque a une influence toute symbolique. Cette année-là, les postes de pouvoir sont occupés par quatre femmes : Erna Solberg est Première ministre, Siv Jensen, ministre des Finances et des Revenus pétroliers, Kristin Skogen Lund, présidente de l'équivalent norvégien du Medef et Gerd Kristiansen, directrice de la plus grande confédération syndicale. L'indifférence des médias à l'égard de ce carré de dames à la tête du pays ne cesse de m'étonner.

Finalement, que reste-t-il de la royauté ? Je me laisse aller à une réflexion désobligeante : « Tu parles d'un roi ! Il est comme moi, il ne décide de rien, il n'a pas le choix !

— Ah non, toi tu as "le choix du roi" », rigole Louise, toute fière de son jeu de mots témoignant d'une maîtrise du français qui continue de me fasciner. Elle a appris cette expression il y a deux jours, lors de notre rendez-vous pour l'échographie. Quand le médecin, devant l'écran en noir et blanc, nous a indiqué que nous attendions une fille, j'ai spontanément crié : « Le choix du roi ! », heureux de la perspective offerte par cette nouvelle paternité.

Louise ne connaissait pas cette expression désuète. Je lui ai expliqué son origine médiévale : une famille était considérée comme « parfaite » quand l'aîné était un fils permettant de perpétuer le nom et le cadet une fille, qui épouserait un riche propriétaire pour agrandir le domaine. Louise avait bien ricané, elle qui avait gardé son nom de famille en m'épousant et insisté pour que nos enfants conservent nos deux patronymes.

« C'est bon, le spectacle est terminé ? On peut retourner chez nous pour le barbecue avec les voisins ? je demande à Louise, un brin agacé par la longueur de la cérémonie.

— Oui, on va manger ! » clame Émile, qui a dû se lasser de son harmonica. Mes épaules fatiguent et je demande à ma femme de me relayer : « Tiens, prends-le, toi, si c'est ça, l'égalité...

— Où est passé son harmonica ? me demande Louise.

— Oh zut ! Je te dis que je suis un père distrait ! » je réplique en constatant en même temps qu'elle qu'Émile a dû le perdre.

Alors que nous rebroussons chemin, je me demande comment j'en suis arrivé là. Au début, le décalage culturel m'a séduit. J'ai rencontré Louise lors d'un séjour Erasmus à Vienne, en Autriche, il y a maintenant plus de dix ans. Nous étions alors tous deux âgés de vingt et un ans, je sortais de ma licence d'économie à la Sorbonne et elle de sa licence d'histoire à Oslo. Dans notre résidence viennoise, les étudiants venaient de toute l'Europe. Nous écrivions ensemble l'histoire de notre continent et des parenthèses de vie. J'avais proposé à Louise de l'emmener au restaurant pour déguster une escalope viennoise. Dans le même temps, j'avais demandé à ma mère un virement de dernière minute – pour inviter Louise, mon statut d'étudiant me privant de toute indépendance financière.

Je me suis toujours vanté d'avoir dragué une Norvégienne en allemand, ce qui devrait, pour un étudiant à la Sorbonne, me placer au panthéon de la drague. Mais l'histoire ne s'est pas exactement déroulée comme ça. Pour l'allemand, c'est vrai. Et d'ailleurs, je dois remercier ma mère de m'avoir poussé à choisir l'allemand comme première langue au collège. Pour le reste, je dois faire amende honorable. Le dîner s'était bien passé. Entre quelques blagues, j'avais enjolivé ma vie parisienne, mon amour pour les musées et le théâtre, ma connaissance des vins et de la littérature norvégienne. J'avais raconté que j'avais été champion de Paris au tennis de table, ce qui nous avait permis de rebondir sur le poste de défenseure latérale de Louise au sein de son équipe de football.

Elle m'avait conté sa vie à Oslo et dans l'extrême nord, où, lorsqu'elle jetait un verre d'eau dehors, c'était de la glace qui tombait. Surtout, elle avait évoqué la Norvège avec force descriptions de la nature et moi, malgré mon style de vie plutôt urbain, je me voyais déjà pêchant le saumon dans les fjords. J'avais mordu à l'hameçon de Louise, ses yeux verts, sa silhouette élancée, son mètre soixante-dix-huit. Elle m'appelait « Tristane » à l'époque, car le « an » nasal était trop difficile à prononcer.

J'allais payer l'addition, mais Louise avait insisté : « On fait moitié-moitié. » J'avais répondu : « Ça me fait plaisir de t'inviter ! » Mais elle avait eu le dernier mot. Tant pis pour le léger froid norvégien qui s'était installé. J'avais d'abord pensé à ma mère et au coup de fil que j'aurais pu éviter. Et puis surtout que c'était mauvais signe. Le mec invite toujours pour le premier rendez-vous. Alors j'avais demandé : « Je ne comprends pas pourquoi ça te vexe que je t'invite ? »

Elle m'avait répondu que c'était dans sa culture de partager, surtout au premier rendez-vous. « Vous, les Français, avec votre galanterie déguisée, vous êtes très charmants, mais, au bout du compte c'est un sexisme bienveillant », m'avait-elle dit. Pour Louise, la femme était ainsi indirectement infériorisée. Elle m'avait expliqué qu'elle n'attendait pas qu'un homme lui tienne la porte. « Tu dois trouver cela extrême comme façon de penser, mais c'est comme ça. »

Peut-être que cette forme de résistance et d'indépendance m'avait plu. Étonné, j'avais eu envie de lui répondre : « Si ça peut te rassurer, je t'avoue que c'est une femme qui allait payer ! » mais j'avais accepté de partager équitablement et utilisé l'argent du virement pour lui offrir des fleurs. Finalement, Louise avait cédé au charme français, en en appréciant sans doute la délicatesse. Elle avait pris l'initiative d'un nouveau rendez-vous et, une dizaine d'années plus tard, naissait notre premier enfant Émile en 2014, à Paris. Notre deuxième, prévue pour la fin d'année 2017, à Oslo, allait, elle aussi, rejoindre le club du million d'enfants dits « Erasmus ».

L'odeur des saucisses grillées interrompt mon voyage dans le temps et me rappelle le traquenard du jour, ce fameux congé paternité. Tous les voisins discutent dans la cour de notre immeuble, autour du barbecue. Louise semble s'être résignée à la perte de l'harmonica. En temps normal, le Norvégien n'est pas bavard, mais les bières et la communion nationale doivent aider à la communication. Émile se voit proposer des glaces à la vanille puis des saucisses au ketchup, le plat norvégien préféré des enfants. J'insiste auprès de Louise sur la piètre qualité nutritionnelle de cette habitude alimentaire, mais, là encore, je cède à la coutume locale.

Je crois que je commence à être ailleurs, perdu dans des calculs sur le nombre de couches que cinq mois de congé paternité représentent. Ayant travaillé trois ans dans un institut de sondages en France, j'arrive rapidement à la conclusion statistique que cinq couches par jour sur vingt semaines me promettent une réjouissance de sept cents couches. Si on ajoute les couches de nuit et les périodes où notre fille sera malade, je peux envisager un delta positif de deux cents, fourchette basse.

« OK pour trois mois, mais cinq mois, c'est long quand même ! »

L'après-midi s'achève par la chorale des hommes sur la place de Birkelunden, à cinq minutes à pied de notre rue. Des centaines de familles y sont rassemblées pour écouter le chœur des hommes vikings chantant les grands classiques de la musique nationale. Le compositeur norvégien Edvard Grieg – le seul vraiment connu – est à l'honneur. Les vingt ténors, installés dans le kiosque, reprennent *La Danse du printemps* et *L'Antre du roi de la montagne*, qui ressemble étrangement à la chanson du dessin animé *Inspecteur Gadget* (« Eh là qui va là, inspecteur Gadget... »). Vingt hommes dont la moitié porte une barbe blonde, des lunettes de soleil, un costume de soie aux touches vertes ou rouges et aux boutonnières dorées font retentir leur voix grave. Et tandis que le spectacle se termine sous un tonnerre d'applaudissements, Louise me glisse son refrain à elle à l'oreille : « En congé paternité, tu pourras emmener notre futur enfant dans les églises pour des après-midi chorales avec bébés... »

Décidément, Louise n'utilise pas les meilleurs arguments pour me convaincre.

« Mais plus sérieusement, qu'est-ce que je vais faire pendant tout ce temps ?

— T'occuper de ta fille ! »

Les dates du féminisme en Norvège

1910 : Droit de vote pour les femmes aux élections communales.

1911 : Première femme suppléante au Parlement (Anna Rogstad).

1913 : Droit de vote pour les femmes à tout type d'élection.

1922 : Première femme députée au Parlement (Karen Platou).

1945 : Première femme ministre (Kirsten Hansteen).

1961 : Première femme prêtre (Ingrid Bjerkås).

1968 : Première femme à la tête de la Cour suprême de justice (Lilly Bølviken).

1974 : Première femme présidente de région (Ebba Lodden).

1978 : Première femme ministre d'Égalité (Eva Kolstad).

1981 : Première femme chef du gouvernement (Gro Harlem Brundtland).

1986 : Premier gouvernement paritaire hommes-femmes (appelé « gouvernement des femmes »).

Tor, mon beau-père, ce Viking

Une avancée sociale qui ne date pas d'hier

Presqu'île de Nesodden, 5 juin 2017

Je reste sur mes gardes lorsque Louise m'emmène déjeuner chez ses parents dans la petite ville de Fagerstrand, de l'autre côté du fjord d'Oslo. Je suis certain que Tor, mon beau-père, va saisir l'occasion de l'annonce de la grossesse de Louise pour se moquer de moi. En tant que pièce rapportée parisienne, je suis le gendre exotique de ma belle-famille et, par conséquent, la cible idéale pour se jouer des décalages culturels. Tor, qui a fait de mon adaptation en Norvège son sujet de discussion favori, va rapidement me lancer sur le sujet du congé paternité, c'est certain. Même s'il prendra le temps de nous féliciter, il me demandera aussitôt si je suis prêt à revêtir le costume d'homme au foyer nordique. J'ai un plan de contre-attaque au cas où la question arrive.

Franchement, c'est difficile de faire plus viking que Tor : un mètre quatre-vingt-quinze, barbe longue, amateur de randonnées de ski de fond, de tours à vélo dans les montagnes, de nuits dans des chalets sans eau ni électricité en hiver et de cœur d'élan séché. Comme si cela ne suffisait pas, il est militaire de carrière : soldat, lieutenant, capitaine puis colonel, il a passé son service dans l'extrême nord de la Norvège, avec entraînement par moins vingt degrés. Il a été envoyé en missions au Kosovo et en Afghanistan.

Quand même.

J'ai toujours regretté ma blague lors de notre première rencontre : « Dans ma famille parisienne, on est plutôt intellectuels. » Depuis, je m'étais juré : « Tristan, évite de trop broncher. Si Tor lance une blague que tu ne comprends pas, tu rigoles. S'il te demande de scier un arbre, tu scies. S'il te propose du cœur d'élan, tu le manges. Si vous parlez politique et que tu n'es pas d'accord, ne cherche pas. Je crois que l'expression doit venir de lui : "Cherche pas, t'as Tor". »

Louise, Émile et moi le croisons à l'entrée de son jardin, devant la grande maison scandinave en bois jaune et au toit rouge, entourée de pins. À côté de son garage, il répare son vélo de course.

« Bienvenue, lance-t-il, les mains, la barbe et le nez noircis par la graisse de sa chaîne. On n'attendait plus que vous.

— Bonjour, Tor ! Que s'est-il passé avec ton vélo ?

— Rien, je le nettoie car je vais rouler quarante kilomètres demain. Tu voudras venir ?

— Désolé, demain, j'ai une compétition de ping-pong ! » dis-je dans un norvégien maintenant correct en balayant rapidement sa proposition farfelue. Je suis réellement inscrit à un club de tennis de table à Oslo et je participe à des tournois le week-end.

« Chacun son sport ! » s'exclame Tor en rigolant, alors que les deux sœurs de Louise et sa mère Bodil nous rejoignent devant le vélo en réparation.

Le décalage culturel est aussi fort avec Tor qu'avec le reste de ma belle-famille. Frida, ma belle-sœur de trente ans, a réalisé le tour du Groenland en ski de fond avec un fusil au cas où elle croiserait un ours polaire. Mon autre belle-sœur, Hannah, a parcouru sept cents kilomètres à vélo entre Tromsø et le cap Nord. Bodil, ma belle-mère, aime expérimenter les bains dans les lacs glacés. Finalement, Louise est la moins aventurière. Dans son C.V. de sportive, elle indique juste « snowboardeuse », « défenseure de son équipe de football » et « monteuse de meuble Ikea en quinze minutes et sans notice ».

« Quoi de neuf ? demandent les sœurs de Louise, deux Fifi Brindacier avoisinant elles aussi le mètre quatre-vingt.

— On attend une fille ! Pour fin novembre », annonce Louise, ce qui déclenche la joie de toute sa famille, qui nous enlace pour nous féliciter. Tor court se laver les mains.

« Très bien, nous allons trinquer à cette bonne nouvelle ! » clame-t-il à son retour, en nous invitant à entrer dans leur maison.

Nous continuons la conversation dans la salle à manger. La table est déjà soigneusement dressée avec une vaisselle blanche épurée scandinave. Il est 16 heures et nous commençons le dîner, conformément aux habitudes locales.

« Vous savez comment vous allez l'appeler ? demande Bodil, alors que Tor ouvre une bouteille de champagne pour l'occasion, en rappelant avec fierté qu'il l'a achetée à Reims lors d'une dégustation.

— On pense à un prénom norvégien. Nous allons alterner pour ce deuxième bébé », dis-je, alors qu'Émile joue avec le chat.

« *Skål* ("santé") ! » s'écrie la tablée.

Tor dégaine plus rapidement encore que ce que je pensais. J'imaginais avoir droit à la question du congé paternité au dessert. Elle arrive avant même le plat principal.

« Mais alors, Tristan, ça veut dire que tu vas bénéficier du congé norvégien ! Vous savez comment vous vous le partagez ? demande-t-il avec un sourire malicieux, conscient d'appuyer là où il faut.

— Mais ça ne te regarde pas, Tor ! s'exclame Bodil, en lui faisant signe de servir.

— Il sent très bon, ton porc en sauce, Bodil, dis-je.

— Pour la répartition du congé, c'est en discussion, précise Louise, mais on va faire moitié-moitié.

— Ce n'est pas vraiment en discussion si tu as décidé, fais-je remarquer à Louise, alors que toute la famille rigole.

— Mais toi, Tristan, ça te tente ? Tu en avais pris un, en France, pour la naissance d'Émile ? Tu sais, en Norvège, on partage tout », dit Tor.

Je lui rappelle que la France n'a pas la même approche des congés parentaux et que les crèches accueillent les bébés dès trois à quatre mois. « Les pères n'ont pas besoin de prendre le relais des mères, l'État s'en occupe », lui dis-je, omettant de préciser que nous manquons souvent de places en crèche.

Plutôt que de me justifier, je préfère le lancer sur sa propre expérience. La meilleure défense n'est-elle pas l'attaque ? Lui, le colonel qui a entraîné sa famille dans nombre de bases militaires en Europe, a-t-il baissé les armes pour prendre un long congé paternité ?

Tor confesse : « Non, à mon époque, pour les deux premières filles, c'est Bodil qui a tout géré. Mais je vais te raconter une histoire qui te surprendra... »

La table est tout ouïe. Tor, le patriarche, pose son verre de champagne sur la nappe, saisit un morceau de cœur d'élan séché qu'il me tend. Il caresse sa barbe, laisse le silence s'installer, comme pour donner plus de solennité au moment. Méthodique et organisé, il pose le décor de son anecdote. Elle se déroule en Norvège, en 1991, dans le comté rural de Nordland, connu pour sa chasse aux élans et sa caserne militaire de Bodø. L'année de naissance de Hannah, sa troisième fille.

« J'avais à peu près ton âge et les hommes ne bénéficiaient pas encore de congé paternité. Nous étions un couple modeste. J'étais soldat et Bodil étudiante, aux revenus trop limités pour embaucher une nounou. Bodil voulait absolument terminer ses études cette année-là et devait se rendre régulièrement à l'université. Il fallait quelqu'un pour s'occuper de Hannah.

— Et je voulais aussi que Tor s'implique dans l'éducation de nos filles, rappelle Bodil.

— J'aurais pu choisir la facilité, ne pas chercher de solution et demander à Bodil de perdre une année dans ses études, enchaîne Tor. Mais j'ai eu une meilleure idée. J'ai exposé mon cas à mon chef. Je lui ai demandé d'aménager mon emploi du temps pour me laisser garder Hannah la journée. »

Bienveillant, le chef lui avait répondu qu'il pouvait rester chez lui de 9 heures à 16 heures pour s'occuper de sa fille et que, au retour de sa femme, Tor pourrait venir à la caserne faire son travail. Sa mission était de planifier les exercices militaires pour l'armée de terre, la marine et l'armée de l'air. C'était donc compatible avec des horaires décalés, et, chaque soir, de 17 heures à minuit, il se rendait à la caserne pour « accomplir son devoir ».

« La philosophie de l'armée est assez proche de la philosophie du monde du travail en Norvège : du moment que le travail est fait, on s'arrange pour la vie familiale. »

Tor m'explique en détail qu'il a fait ce que peu d'hommes ont entrepris à son époque : trois jours par semaine, pendant huit mois, il est resté à la maison. « J'ai changé les couches, donné les biberons, préparé le repas pour ma famille, amené mes deux filles aînées à l'école et suis allé les rechercher. »

Tor, homme au foyer pendant huit mois ? Je regarde Bodil, un peu dubitatif sur cette histoire.

« C'est vrai », dit-elle tout en touchant affectueusement l'épaule de Tor.

Mon plan de contre-attaque est un échec total. Je n'y vois pas de message subliminal, mais, quand même, une invitation indirecte à tenter l'aventure. Je retiens surtout de cette histoire que la répartition des rôles dans un foyer est ancrée dans la mentalité norvégienne.

« Mais, dans ton milieu militaire, tes collègues ne se sont pas moqués de toi ? demande une des sœurs.

— Non, il y a un grand respect et une vraie compréhension. Les autres soldats m'ont largement soutenu. »

« Qui oserait se moquer de Tor ? » me dis-je, avant de tenter une plaisanterie : « Si je galère avec ma fille, je peux t'appeler pour t'en occuper, alors ?

— Avec plaisir », dit Tor. L'espace d'un instant, son regard se fait presque nostalgique.

Louise enfile alors sa casquette de professeure d'histoire et replace cette anecdote dans son contexte : l'apparition du concept des « papas velours » dans les années 1970. Elle mentionne que le cas de Tor était certes isolé, mais que l'idée de l'homme à la maison pour s'occuper des bébés commençait à poindre en Scandinavie. Le surnom de « papa velours » (*velourmannen*) était lié au tissu, considéré comme androgyne, et désignait les pères qui souhaitaient davantage s'investir dans l'éducation de leurs enfants.

« Tor, tu es donc un des premiers papas velours ? » dis-je en rigolant.

Louise rebondit sur ma blague et explique que ce mouvement d'hommes « néo-féministes » a pu être l'objet de moqueries. Cette appellation faisait sourire et restait condescendante : « papa doux » dans le sens de « papa fragile ». Certains organisaient des groupes de parole et de réflexion sur le rôle de la paternité. *Befria mannen* (« libérez les hommes ») était une organisation d'hommes suédois souhaitant changer les stéréotypes de la masculinité hétérosexuelle. Ils considéraient les choses un peu différemment :

si les femmes étaient discriminées sur le marché du travail, ne pouvait-on pas dire que les hommes étaient discriminés dans la sphère domestique ?

Louise continue en nous rappelant que, si la Norvège est avant-gardiste en matière de congé parental, c'est qu'elle s'est inspirée de son voisin suédois. Dès les années 1970, le concept du congé maternité a disparu pour laisser place à celui du congé parental à partager. Les hommes ont eu le droit de profiter du congé et le gouvernement n'a pas manqué d'imagination ni de créativité pour inciter les pères à changer leurs habitudes.

Louise évoque la première campagne de publicité au monde destinée à promouvoir le congé paternité. En 1978, le gouvernement suédois a utilisé le champion en haltérophilie Lennart Dahlgren, surnommé « Hoa Hoa ». Sur une affiche publicitaire, on le voit porter un bébé avec comme légende « *Barnledig pappa* » (« congé paternité »). Il faut s'imaginer une icône locale que l'on avait l'habitude de voir en collant moulant se frotter les mains au talc, inhaler de l'ammoniac pour accentuer la production d'adrénaline puis crier avant chaque levée d'haltères : « Hoa ! hoa ! »...

Déjà égérie d'une publicité pour les radiocassettes de marque Hitachi, où on le voyait crier dans son vestiaire sur un fond musical motivant, Lennart Dahlgren est ainsi devenu une figure emblématique du congé paternité. Avec ses cheveux bouclés et sa barbe rousse, ce père moderne symbolisait la masculinité à l'état brut à travers sa musculature. À défaut d'être subtile, l'idée était claire : on peut être viril et s'occuper d'un bébé. La publicité a quarante ans, déjà.

Le dessert arrive et Tor ouvre une bouteille d'aquavit, l'alcool local. Nous trinquons à Hoa Hoa et à cette potentielle future collaboration gendre/beau-père. Louise sourit en regardant nos verres s'entrechoquer. Cette conversation avec Tor me fait comprendre qu'il n'y a pas d'enjeu de masculinité dans le fait de rester homme au foyer. Au contraire, c'est un signe de responsabilité, d'écoute des besoins de l'autre. C'est une preuve de force, même.

Tor est très attachant, il ne m'a pas fallu longtemps pour découvrir sa vraie personnalité : un gentil ours polaire qui s'est même improvisé professeur particulier de ski de fond. Aussi patient avec moi qu'avec sa troisième fille en 1991. J'ai vite compris que derrière sa barbe de Viking se cachait un homme au grand cœur.

Au cœur d'élan.

Historique de l'augmentation de la durée du congé paternité en Norvège

Depuis 1993, la Norvège a augmenté le quota du père. De quatre semaines initialement prévues, il a été porté à quinze semaines, soit autant que le congé maternité après naissance. La hausse du congé paternité a été graduelle. Le récent passage de dix à quinze semaines mis en place par le gouvernement d'Erna Solberg (coalition centre-droite-extrême droite) a toutefois fait naître des débats en Norvège. On a notamment reproché au gouvernement d'« imposer » une trop longue période de quota du père, entravant la liberté des couples à s'organiser comme ils le souhaitent. L'État autorise certains transferts du quota du père à la mère.

	Semaines de congé parental rémunérées à 100 % (ou indemnisées à 80 %)	Semaines allouées au quota de la mère (congé maternité)	Semaines de congé à partager librement dans le couple	Semaines allouées au quota du père (congé paternité – non transférable)	Congé de naissance pour les pères
1993	42 (52)	6 + 3 avant accouchement	29	4	2
2005	43 (53)	6 + 3 avant accouchement	29	5	2
2009	46 (56)	6 + 3 avant accouchement	27	10	2
2011	47 (57)	6 + 3 avant accouchement	26	12	2
2013	49 (59)	14 + 3 avant accouchement	18	14	2
2014	49 (59)	10 + 3 avant accouchement	26	10	2
2018	49 (59)	15 + 3 avant accouchement	16	15	2

Affiche de 1978 du gouvernement suédois
prônant le congé paternité *(Barnledig pappa)*.

Odin, dieu des dieux

Le congé parental, pour tous les pères ?

Grünerløkka, 20 juin 2017

Dans notre appartement de la petite rue de Torvbakkgata, au quatrième étage de notre immeuble en brique donnant sur la rivière d'Akerselva, stylo à la main et calendrier posé sur la table, Louise me relance : « Alors, j'ai regardé sur le planning et, si notre fille naît fin novembre, je prends la première partie du congé parental jusqu'à fin avril et tu continues de mai à octobre. T'en penses quoi ?
— J'en pense qu'on est jeudi et que j'ai bientôt rendez-vous pour boire un verre avec Preben et Marvin.

— Très bonne idée », répond Louise, alors que je revêts ma veste pour fuir la discussion, conscient qu'il me faudra bientôt prendre une décision. Louise m'a toujours encouragé à échanger avec d'autres pères et elle voit d'un bon œil cette sortie, car ces deux amis ont déjà vécu un long congé paternité. Avec trois mois seulement, Preben a hérité de la peine plancher et s'en est tiré à bon compte. Marvin, lui, a pris six mois ferme. J'ai une liste de questions à leur adresser avant de passer, à mon tour, derrière le lit à barreaux.

Je me dirige donc vers un des nombreux bars branchés de Grünerløkka, profitant de ma légère avance pour flâner dans les rues. Plutôt malfamé il y a encore une quinzaine d'années, Grünerløkka s'est peu à peu transformé en un lieu hipster aux immeubles colorés et aux murs *street art*. Il propose une large offre de sorties : bars à cocktail et brasseries artisanales, restaurants burgers et *food trucks* végans, kebabs à emporter et cuisine française de luxe.

Mon quartier est un lieu idéal pour les familles. Il est pris d'assaut par les parents en congé parental qui s'adonnent au lèche-vitrines devant tous les commerces rétro, dont les boutiques de vêtements vintage, et se laissent tenter par les tatoueurs exotiques. Ils se baladent en groupe et profitent des nombreux magasins pour enfants, des jardins équipés de balançoires et des grands cafés avec des canapés confortables.

Les pères les plus sportifs courent derrière une poussette le long de la rivière d'Akerelsva, le smartphone accroché à leur bras musclé et tatoué. Ils s'arrêtent uniquement pour comparer leurs performances sur des applications spécialisées. J'ai toujours eu l'impression qu'ils avaient besoin de renforcer leur physique athlétique et par là même leur masculinité afin de contrebalancer leur quotidien de garde d'enfant.

Si jamais je m'aventure dans ce long congé, je serai plutôt du côté des pères décontractés que j'ai l'habitude de voir débattre dans des cafés, tandis que leur poussette est garée sur le trottoir… avec le bébé endormi dedans ! Tous équipés d'un « babyphone », ils se lèvent si leur enfant pleure. J'ai longtemps trouvé surprenant de laisser des bébés en poussette dans la rue. Mais finalement, cette habitude, qui reflète parfaitement le style de vie local détendu, me plaît bien.

Juste avant de rejoindre Preben et Marvin, je passe devant le barbier *Pels pels*, chez qui il faut réserver une semaine à l'avance. Je confesse m'être laissé pousser la barbe par mimétisme depuis mon arrivée à Grünerløkka et avoir cédé une fois à la tentation de la coupe millimétrée par un professionnel. Après une heure de soins minutieux, de shampooing, après-shampooing, huile, coupe et crème rafraîchissante, ma barbe était parfaite et la facture élevée : quarante-cinq euros. J'ai vite compris qu'être un père moderne nécessite un certain investissement que je ne suis pas encore prêt à consentir.

J'accède au bar *Craft beer for the people* et repère rapidement Preben et Marvin, attablés devant deux pintes de pale-ale. De face ou de profil, pas de doute, ils possèdent chacun l'uniforme du papa moderne : une barbe blonde fournie, une chemise à carreaux et un couvre-chef. Chacun possède un vélo électrique garé devant le bar, la remorque pour bébé est vide, ils ont laissé leurs enfants à la maison pour boire tranquillement.

« Salut, Tristan !

— Tu fais une tête bizarre, remarque aussitôt Marvin, qui sait très bien que je suis en négociation avec Louise au sujet de la répartition de mon congé.

— C'est cette histoire de congé », dis-je en m'asseyant à leurs côtés autour d'une haute table en bois aux pieds fins. La tireuse proposant un choix de vingt-quatre bières locales offre un décor scandinave propice à la discussion qui s'annonce.

Je leur explique que je me laisse peu à peu convaincre par Louise et que j'adore jouer avec les enfants. Mais que, comme je l'ai déjà repéré avec Émile, c'est au moment où les interactions commencent à apparaître que j'y prends vraiment plaisir.

« Avant un an, un bébé est plutôt ennuyeux, non ? Vous avez trouvé ça comment, vous ?

— Personnellement, j'ai adoré voir évoluer Hector, lui apprendre à ramper et presque à marcher. On a bâti une complicité », répond Marvin. Je me demande tout de suite s'il n'a pas été briefé par Louise. Aurait-elle manœuvré auprès de mes amis ?

« Tu devrais dédramatiser, dit Preben. Moi aussi, j'ai adoré passer du temps avec mon fils. C'est un privilège.

— Mais vous ne trouvez pas ça un peu ridicule de vous transformer en Monsieur Couche et de vous balader toute la journée avec un bébé ? »

Preben sourit en entendant ma question : « J'ai des potes qui m'ont dit ça, donc je vois ce que tu veux dire. Mais, en Norvège, c'est largement répandu. Ça fait partie de la vie de papa, ici. Il y a dix ans, le phénomène n'existait pas, mais maintenant, c'est très bien vu, c'est presque une mode. Papa en poussette, papa vedette !

— C'est une mode, OK ! Mais ce n'est pas un peu barbant ?

— Mais non, c'est super cool ! Et puis, pourquoi ce serait ridicule ? C'est de laisser les femmes s'en occuper qui est ridicule, je trouve, répond Marvin.

— Et vous n'allez pas me faire croire que tous vos potes prennent un long congé paternité !

— Mais si ! » insistent-ils.

Preben, qui a sorti son téléphone portable, enchaîne : « Tiens, regarde, toi qui aimes les statistiques, lis le dernier article paru dans *NRK*, qui montre la tendance : 70 % des pères norvégiens prennent au moins trois mois de congé parental. C'était 60 % il y a cinq ans. Ça progresse vite ! Il y en a même 10 % qui prennent plus que leur femme, comme Marvin. C'est hyper tendance !

— Fais-moi voir ça ! » dis-je en saisissant le téléphone de Preben. J'analyse un diagramme en camembert qui montre que 30 % des pères ne prennent pas de congé parental, que 40 % prennent trois mois et que 30 % prennent quatre mois ou plus.

« Il y a quand même presque un tiers des hommes qui ne se lance pas dans cette longue aventure. » À l'abri de ma mauvaise foi, j'ai bien conscience de représenter la « vieille école ». Mais je dois rapidement m'incliner devant la vérité statistique.

« Elle te propose quoi, Louise ? me demande Marvin.

— Moitié-moitié, donc cinq mois de congé.

— La chance ! me lance Preben avec un enthousiasme surprenant. Moi, j'ai pris deux mois et demi de congé paternité, le minimum. Ma femme voulait prendre les sept mois, car c'était important pour elle d'allaiter longtemps. Dans les couples norvégiens, c'est très souvent la femme qui décide de la répartition du congé parental. »

À qui le dis-tu... Depuis qu'elle est enceinte, Louise a gagné en autorité. Cela ne m'étonne pas que les mères dictent cette répartition, car elles se sentent légitimes. D'abord, ce sont elles qui accouchent.

« Mais fonce, mec ! Tu vas voir, c'est une superbe expérience », dit Marvin en continuant son plaidoyer pour un long congé paternité, alors que Preben part commander de nouvelles bières. Son monologue dure vingt minutes : « Tu ne vas même pas avoir le temps de t'embêter. J'ai tous les bons tuyaux d'Oslo : liste d'associations qui organisent des balades en montagne avec porte-bébé sur le dos, liste de cafés qui accueillent les poussettes, liste des églises qui organisent des chorales pour bébés...

— J'ai une tête à aller chanter avec mon bébé dans une église ?

— Mais essaie !

— Louise t'a payé pour me parler ou quoi ? Il n'y aurait pas une caméra cachée ?

— Mais non, me rassure Marvin en m'invitant à télécharger l'application "Congé parental à Oslo" sur mon smartphone. L'appli te donne toutes les activités pour parents en congé situées autour de toi. C'est géolocalisé. Si tu t'embêtes, consulte-la ! »

Je saisis le smartphone de Marvin et parcours les activités qui défilent sur l'écran : demain, cours de bébé nageur à Tøyenbadet, sortie en forêt à Østmarka, visite guidée du musée d'art moderne d'Astrup Fearnley en poussette... Ils pensent vraiment à tout, ces Norvégiens !

En écoutant Marvin et Preben, je lève progressivement les barrières de l'ennui et de l'isolement. Leur optimisme semble sincère, ce n'est pas une manœuvre de Louise. Je comprends qu'ils ont grandi avec l'idée que cette période arriverait. À vingt ans, ils devaient se dire dans un coin de leur tête : « J'aurai plusieurs mois de congé paternité. » La norme s'est installée et ils ne font que reproduire le schéma qu'ils ont observé autour d'eux.

« Et au travail, votre absence n'a pas posé de problème ? Parce qu'en France ce serait mal vu, quand même ! »

Marvin travaille dans l'informatique et Preben, qui a participé aux jeux Olympiques de Salt Lake City en saut à ski, s'est reconverti en professeur de sport. Ils me conseillent d'en parler rapidement à ma supérieure et m'assurent que, pour eux, cela n'a posé aucun souci.

Mais je reste sur le qui-vive : ils ne me parlent pas des moments difficiles ni des déboires avec leur bébé. Ils ont l'air d'avoir tout géré parfaitement. Je souhaite creuser leur quotidien et leur relation avec leur conjointe.

« Mais vous n'avez pas galéré avec vos enfants pendant le congé ? Vous n'avez pas menti à vos femmes, parfois, en leur disant que tout s'était bien passé alors qu'en fait le bébé n'avait rien voulu manger ? »

Les deux barbus hurlent de rire devant ma question naïve. Marvin se lance le premier. « La galère fait partie du quotidien et on apprend sur le tas. Au début, il faut s'habituer à un nouveau rythme, puis on s'y fait. Quand ma femme rentrait du travail, elle me posait toujours les mêmes questions. "Est-ce que notre bébé a bien mangé ? Est-ce qu'elle a fait ses besoins ? Quand est-ce qu'elle a dormi ?"

— Et tu répondais quoi ?

— Ce qu'elle voulait entendre », dit Marvin en pouffant de rire. Avant d'ajouter : « Au début, tu verras, elle aura du mal à lâcher prise. Ton rôle est de la rassurer. Donne un maximum de détails sur tes journées et contente-toi de relater les bons moments.

— Et nettoie bien ton bébé dix minutes avant que ta femme rentre du travail ! renchérit Preben.

— Et envoie des selfies avec des sourires de ta fille ! Ça, elles adorent ! » reprend Marvin.

Ces ruses émanant de Norvégiens me réconfortent. Le mythe du père scandinave parfait s'écroule.

« Et passe à la pharmacie acheter des crèmes pour bébé, ça fait papa impliqué », se marre Preben qui se joue manifestement de moi.

Marvin enchaîne avec un dernier conseil. Il m'explique qu'en Norvège la femme commence le congé au moment où le bébé est encore nourrisson et dort beaucoup. Alors que, quand les pères prennent la relève, l'enfant peut commencer à ramper, à se balader, voire à marcher, ce qui est beaucoup plus fatigant : « Il faut être en permanence sur le qui-vive. Si j'ai un conseil, c'est d'acheter un parc à barreaux ! »

Marvin et Preben boivent beaucoup plus vite que moi. Leur amour du houblon et leur débit me dépassent largement. Je m'apprête à finir mon premier demi de bière alors que tous deux ont déjà bien entamé leur deuxième pinte.

« Tu parles bien norvégien, en tout cas. C'est beaucoup plus dur d'apprendre une langue que de poser cinq mois de congé parental pour faire comme tout le monde », rigolent-ils.

Et alors qu'ils changent de sujet de conversation, je comprends que je suis en train de basculer. Je me dirige vers le bar pour payer ma tournée. Les bières portent toutes des noms farfelus. Certaines sont inspirées des dieux vikings. Me voici devant un dilemme mythologique.

Vais-je la jouer papa rebelle et commander la bière du dieu viking Loki ? Le traître du royaume d'Asgard, dieu de la discorde, impulsif, irresponsable et rusé ? Ce choix serait le symbole d'un refus du congé parental : je m'inscrirais dans la droite ligne de ma première expérience française et à l'opposé de toutes les mesures prises par les gouvernements norvégiens depuis 1990. Preben m'a expliqué que c'est très souvent par contrainte professionnelle que les pères refusent leur congé, quand ils sont entrepreneurs, occupent une profession libérale ou sont commerçants. En tant que salarié dans une grande entreprise, je n'ai aucune excuse. Je ne souhaite pas donner l'image d'un père ringard.

Je pourrais choisir la bière de Thor, dieu de la guerre et du combat. Je taperais du poing sur la table, ferais preuve d'autorité, réveillerais ma virilité et tenterais d'imposer ma loi à Louise. « Deux mois et demi de congé », et puis c'est tout. Cela représente déjà un écart immense par rapport aux onze jours de congé paternité pris pour Émile à Paris.

Ou vais-je accepter la proposition de Louise d'un partage équitable et m'inspirer d'Odin, dieu des dieux ? Bien plus en vogue que Loki et Thor, Odin est la star de la mythologie nordique. Père de tous les êtres, dieu de la guerre et de la sagesse à la fois, de la victoire et du savoir, patron de la magie et de la poésie, il règne sur le royaume d'Asgard. Il a tous les attributs de l'homme moderne.

« Quelle bière as-tu choisie ? me demande Marvin, alors que je les rejoins autour de la table haute.

— La bière d'Odin !

— Très bon choix ! »

Statistiques officielles et profil des pères en congé parental en Norvège

Dans son dernier rapport publié sur ssb.no en 2017, le site officiel de l'État norvégien partage les statistiques du congé paternité. Les chiffres montrent une hausse du nombre de pères prenant leur quota par rapport à 2008 (+10 points). Cette augmentation est visible dans toutes les régions de la Norvège, qu'elles soient urbaines ou rurales. En ce qui concerne les catégories socioprofessionnelles, les conclusions d'une étude conduite en 2017 par l'institut de recherche *Institutt for samfunnsforskning* (« Quels pères ne prennent pas leur congé et pourquoi ? ») montrent très peu de différences selon le niveau social. Seule observation : « Plus un père a poursuivi de longues études, plus il est à même de prendre son quota. De même, les pères nés en dehors de la Norvège prendraient moins leur quota. La raison est souvent que la mère peut ou préfère s'en occuper. »

https://samfunnsforskning.brage.unit.no/samfunnsforskning-xmlui/handle/11250/2446441

70 % DES HOMMES PRENNENT LEUR QUOTA DU CONGÉ PARENTAL VERSUS 60 % EN 2008

La question de la durée du congé parental chez les pères est au cœur des observations : en Norvège, 30 % des pères ne prennent pas leur congé et 33 % se contentent de leur quota de trois mois. Mais le nouveau phénomène grandissant est la part de pères souhaitant davantage s'impliquer : 20 % des pères étendent leur congé à cinq mois (autant que la mère) et 17 % à plus de cinq mois.

30 % NE PRENNENT PAS DE CONGÉ PARENTAL
33 % PRENNENT LE MINIMUM (10-12 SEMAINES)
20 % PRENNENT ENTRE 12 ET 24 SEMAINES
17 % PRENNENT ENTRE 25 ET 48 SEMAINES

Pères prenant un congé parental en pourcentage par région (Norvège)

Région	2008	2015
Sogn og Fjordane	67	76
Sør-Trøndelag	63	74
Akershus	65	73
Hordaland	57	73
Rogaland	62	73
Møre og Romsdal	60	72
Oppland	61	71
Vest-Agder	59	70
Troms / Romsa	58	69
Hedmark	61	69
Vestfold	57	68
Nord-Trøndelag	54	68
Buskerud	58	68
Oslo	60	67
Aust-Agder	54	67
Nordland	57	67
Telemark	53	66
Finnmark	57	66
Østfold	56	65

Amel, bienvenue à l'école paternelle

Des quotas d'hommes pour plus d'égalité homme-femme

Jardin d'enfants de Sofienbergparken, 30 juin 2017

Ma relation avec Amel a débuté sur un malentendu. Le jour de la rentrée des classes de mon fils Émile, je l'ai pris pour le papa d'un autre enfant. Il faut dire qu'il a la panoplie complète du père branché de Grünerløkka, il y avait de quoi s'y méprendre : barbe, casquette, tatouage. Et attention, son tatouage n'est pas une étoile avec trois chiffres romains, le prénom de sa copine ou un slogan vu et revu du type « *Veni, vidi, vici* ». Non, non : griffes, serpents, dragons et tête de mort – et la tête de mort, elle tue.

Alors je l'ai félicité : « Cool, le tatouage ! Moi aussi, je réfléchis à m'en faire un !

— T'as raison, les enfants adorent !

— T'en as combien ?

— Dix-huit », me répond-il en me montrant Émile et toute sa classe du jardin d'enfants de Sofienbergparken. Il m'explique que mon fils sera dans une section constituée d'enfants âgés d'un à six ans. Tous les âges sont mélangés afin que les plus petits soient stimulés par les plus grands et que les plus grands se responsabilisent en faisant attention aux plus petits.

« Bonne idée ! Mais tu travailles ici, alors ? Tu es personnel encadrant ? En fait, c'est toi qui vas t'occuper de mon fils toute la journée ? Ah d'accord ! Le tatouage, c'est pour lui apprendre le nom des dinosaures en lui montrant ton bras ? Et le squelette humain aussi ? C'est pratique, c'est une méthode Montessori norvégienne ? »

À côté d'Amel, ce jour-là, Vegard s'introduit comme le chef d'équipe pédagogique. Dans le département voisin travaillent Francesco, Bobby et Jonas. Je suis dans un jardin d'enfants ou sur un ring de boxe ? On est envahi d'hommes, ici. En France, nous appelons ça « l'école maternelle », mais ici, il faudrait plutôt la rebaptiser « l'école paternelle ».

Cela donnerait des phrases du type : « Attends, j'emmène mon fils à la paternelle et j'arrive au boulot » ou alors : « Mince, ils font grève à la paternelle, faut que je pose une RTT ! » Le lexique français me semble un peu dépassé en Norvège. École « maternelle » vient de « materner » qui signifie s'occuper d'un enfant comme une mère.

« Amel, j'espère que tu t'occupes de mon fils comme une mère !

— Quoi ?

— Non, laisse tomber... »

À mesure que mon congé se rapproche, je réalise que le concept nordique d'encourager l'homme à la maison et dans l'éducation des enfants dépasse le simple cadre du congé parental partagé. Y aurait-il un lien entre le long congé paternité qui m'attend et la forte présence de personnel masculin pour encadrer les enfants ?

Je me suis renseigné pour savoir si le jardin d'enfants d'Émile était une exception. En France, 1,5 % du personnel en crèche et en école maternelle est constitué d'hommes. En Norvège, ils sont 10 %. L'État a pour objectif d'accroître ce chiffre à 12 %. Dans l'établissement de mon fils, on s'approche dangereusement des 30 %.

L'État norvégien réfléchit à l'instauration de quotas d'hommes dans les métiers de la petite enfance. L'idée paraît audacieuse et se veut le miroir des quotas de femmes dans les comités de direction ou en politique. Pourquoi, dans le but de diminuer des discriminations, faudrait-il mettre en place des quotas seulement pour les femmes ?

Les universités de Bergen et d'Oslo ont reçu l'autorisation de mettre en place des quotas d'hommes dans les filières de psychologie, qui étaient composées de femmes à 90 %. Une grande première. Sans qu'il y ait encore de quotas, les responsables de crèche sont implicitement invités à recruter davantage d'hommes.

Histoire d'avoir plus de têtes de mort ?

L'objectif est donc de transformer, de « reconstruire » la société avec des normes moins stéréotypées. Tant les hommes que les femmes sont à même de s'occuper d'enfants.

Pour un père qui dépose son enfant, l'avantage à cette masculinisation du personnel de crèche, c'est qu'on peut prendre quelques instants pour parler football. Comme ce matin-là, alors qu'Émile a besoin de plusieurs minutes pour enfiler ses chaussons dans le vestiaire, je croise Amel dans les couloirs de la crèche.

« Bonjour, Amel, la forme ?

— Salut, Tristan, alors t'as pensé quoi de la Ligue des champions ?

— En tant que supporter du PSG, c'est toujours la même histoire. On se fait éliminer.

— Ah ! c'est pour ça qu'Émile parle déjà de Mbappé. On lui a fabriqué une couronne pour son anniversaire avec le drapeau de l'équipe de France. Il a adoré.

— Merci ! Et d'ailleurs, ça va comment, Émile, en ce moment à la crèche ?

— Super, toujours aussi sociable avec tous les enfants ! Il occulte totalement le fait qu'il va devenir grand frère. Il n'en parle pas trop. Je ne suis pas sûr qu'il saisisse tout encore, mais c'est normal ! Tout va bien à la maison ?

— Oui.

— Au fait, moi aussi, je vais bientôt être papa !

— Félicitations, Amel ! Et tu prendras combien de mois de congé ?

— Quatre mois environ.

— Beau score !

— Et toi au fait, tu vas prendre combien ?

— Cinq », dis-je, avec fierté. Je commence à montrer mes muscles. J'ai compris qu'ici, pour jouer les gros bras, pour montrer qu'on est un père de famille responsable, on ne compare pas la taille des voitures mais la longueur des congés paternité. Ça tombe bien, je roule à vélo. Je me garde bien de dire que c'est Louise qui m'a poussé au summum de la virilité norvégienne en m'imposant ces cinq mois.

« Au fait, Amel, qu'est-ce qui t'a donné envie de travailler dans un jardin d'enfants ?

— Quand j'étais petit, j'ai grandi en Bosnie et je me souviens que des grands-tantes s'occupaient de moi. Je m'ennuyais et je trouvais ça monotone. J'ai envie de donner à la nouvelle génération une enfance joyeuse et équilibrée. Ici, je donne plus d'énergie que mes collègues femmes, j'apporte plus d'action, quelque chose de complémentaire, certains enfants ont besoin de ça. »

Comme Émile, qui vient interrompre notre discussion, avec ses chaussons enfilés sur les mauvais pieds. Il est heureux de retrouver Amel, son encadrant préféré avec qui il joue au football dès que le moment se présente. Émile adore tout le monde, mais aucun doute à avoir sur son modèle : « Est-ce que je peux avoir une casquette comme Amel ? Et un tatouage comme Amel aussi ? »

OK pour la casquette. Mais pour le tatouage, ce sera moi d'abord.

Et là, je dois filer au boulot. Je le laisse entre de bonnes mains, conscient du bienfait de la place grandissante des hommes dans l'éducation des enfants. La société norvégienne commence à avoir raison de moi, Louise va bientôt pouvoir savourer sa victoire. Quand ma fille aura cinq mois, je rejoindrai la génération des Marvin et des Preben. Ma vision du congé paternité et du rôle du père en Norvège progresse. Oui, je me sens forcé, mais je m'aperçois de la chance que j'ai de bénéficier de ce système. Quel privilège, aussi, d'être entouré de personnes comme Amel, qui m'invite, sans le savoir, à évoluer !

Merci, Amel. Je crois que les quotas d'hommes dans les métiers de la petite enfance m'incitent à adopter une nouvelle doctrine. C'est aussi l'homme qui est l'avenir de l'Homme.

Ainsi soit-il.

Amel.

Contes scandinaves

Casser les clichés dès la petite enfance

Chambre d'Émile, 5 septembre 2017

J'assiste à un meurtre à grande échelle. On est train de tuer le patriarcat. Lieu du crime ? Scandinavie. Mobile ? Égalité entre les femmes et les hommes. Coupable ? Le gouvernement féministe scandinave des années 1990. Mais aurait-il agi seul ?
Je m'interroge. Comment cette génération de pères a-t-elle finalement accepté ce long congé de paternité ? D'où vient son naturel à endosser ce rôle d'homme au foyer ? Ces pères n'opposent aucune résistance au changement de normes, au contraire, ils le portent. Ils n'en veulent pas aux tueuses du système, le syndrome de Stockholm n'a jamais aussi bien porté son nom. Ils se laissent simplement pousser la barbe en signe de deuil et trouvent fierté à se pavaner en poussette avec leur bébé.

Ont-ils des repères acquis dès leur enfance et qui leur donneraient l'envie de davantage s'impliquer ? Garçons et filles norvégiens ont-ils vécu une enfance féministe ?

En ce soir du 5 septembre, assis sur le rebord du lit d'Émile, dans sa petite chambre, je comprends que l'État s'est entouré de complices de taille dans la transformation de la société. Leurs noms : Astrid Lindgren et Gunilla Bergström, deux grandes écrivaines scandinaves de la littérature jeunesse. Et je possède moi-même l'arme du crime : le conte. L'enfance est l'âge où toutes les normes sont à construire.

Émile m'aide à rassembler de nouveaux indices.

« Va chercher les livres que tu veux ! » lui dis-je. Il court dans sa petite bibliothèque et revient le sourire aux lèvres.

« On peut lire Fifi Brindacier et Albert Åberg ?

— Encore ? Je ne te les ai pas déjà lus hier ?

— Oui, mais j'aime bien quand Albert joue avec son papa ! Et quand Fifi frappe tous les méchants !

— Elle est drôlement forte, cette Fifi, c'est vrai ! » dis-je tandis qu'il s'allonge dans son lit.

Émile a droit à deux histoires chaque soir. J'aime cette habitude de lecture père-fils, avec ces moments de transmission qui me replongent dans mon enfance – j'ai toujours privilégié les contes français que ma mère m'envoie régulièrement par la poste. Mais Émile s'est lassé du Père Castor, de la petite poule rousse et des contes de Perrault. Il est dans sa période scandinave et je découvre avec lui les contes de Louise.

Les aventures de l'intrépide Fifi Brindacier sont connues de tous. Chaque foyer norvégien possède un conte, a vu un dessin animé ou un film dont Fifi est l'héroïne. Elle est d'abord le personnage principal d'une série de livres pour enfants à succès écrits à partir de 1945 par la Suédoise Astrid Lindgren. Avec ses deux nattes raides comme de l'acier, Fifi est une forme d'icône féministe. Libre, indépendante, bagarreuse, anarchiste, elle remet clairement en cause les rapports de pouvoir entre adultes et enfants, entre garçons et filles, entre Norvégiens et Norvégiennes. C'est une évidence, Fifi a forgé le caractère de n'importe quelle petite fille scandinave, dont Louise, en lui enseignant qu'elle a le droit d'être forte, exigeante et maîtresse de son destin. Dans mon enquête, elle est une première pièce à conviction.

Le passage préféré d'Émile arrive. Celui où la petite fille rousse de dix ans cogne sur six voyous qui volent dans les sacs à main des passants de la ville de Humlegården. Elle les ligote avec une corde, puis appelle la police « J'ai un paquet de voyous, je les apporte au commissariat ou vous venez les chercher ? »

Émile rigole :

« Elle est forte, Fifi !

— Oui, mais la violence ne résout pas tout, hein ?

— Papa, pourquoi c'est bizarre quand tu parles norvégien ? Parfois, je ne comprends pas très bien !

— C'est parce que je ne suis pas norvégien, je suis français, Émile.

— Et moi, je suis quoi ?

— Toi, tu es les deux !

— C'est vrai ?

— Oui !

— Bon, tu finis le livre, papa ? » demande-t-il alors que la conversation commençait à être intéressante. Je me replonge dans la propagande féministe adaptée aux enfants.

« Grâce à Fifi Brindacier, le calme et la paix allaient enfin régner à Humlegården » résonne comme : « Grâce à Fifi Brindacier, le calme et la paix allaient régner dans toute la Norvège. » Louise, comme beaucoup de Norvégiennes, a du Fifi en elle. Caractère indépendant, tempérament féministe, elle accorde de l'importance aux questions d'égalité et s'attache à certains symboles. Elle a conservé son nom de famille en m'épousant et a tenu à ce que nos enfants portent nos deux patronymes. Ce qui ne l'empêche pas d'avoir une personnalité douce, patiente et protectrice avec ses enfants. Louise parvient à trouver cet équilibre délicat entre féminisme et féminité.

« Merci, papa ! On peut lire Albert Åberg, maintenant ? demande Émile.

— Oui », dis-je, en ouvrant le livre *Bonne nuit, Albert !* Le deuxième indice confirme la théorie de l'enfance féministe.

Effet miroir de Fifi Brindacier, les histoires d'Albert renversent selon moi les codes de la paternité traditionnelle en Scandinavie.

Petit garçon de cinq ans, Albert vit seul avec son père. Il n'a pas de mère – d'ailleurs, on ne sait pas ce qui lui est arrivé, l'auteur n'en parle jamais. Quant au père, il fume souvent la pipe tout en s'occupant de son fils. Moins connu en France que Fifi Brindacier, Albert Åberg est un conte suédois des années 1970 écrit par Gunilla Bergström. Son succès est si grand qu'à Göteborg un musée – que nous avons visité – lui est consacré. Toute la génération de jeunes pères actuels a été bercée par les contes d'Albert Åberg.

Émile rigole à chaque réplique du livre.

« "Papa, j'ai soif", dit Albert. Alors le père va lui chercher un verre d'eau.

“Papa, j’ai renversé de l’eau”, dit Albert. Alors le père va chercher une serviette.

“Papa, je veux faire pipi”, dit Albert. Alors le père va chercher un pot. »

La complicité père-fils de l’histoire est très forte, le père tient une place prépondérante et prend en charge l’éducation de son enfant. Il lui lit des histoires, l’endort, lui fait à manger, lui brosse les dents, l’emmène à l’école, le console. Les deux personnages forment un duo attachant.

Émile adore quand le père d’Albert se fait manipuler. Il s’essaie aux mêmes techniques pour repousser l’heure du coucher :

« Papa, j’ai soif, moi aussi ! »

Je vais bientôt passer cinq mois de congé paternité avec ta petite sœur, alors, s’il te plaît, mon fils, laisse-moi l’illusion de rester un papa français en te répondant :

« Oublie, si tu bois trop, tu risques de faire pipi au lit. Bonne nuit, Émile ! »

Vers le banc des remplaçants ?

Congé parental ou carrière, faut-il choisir ?

Pelouse de football de Skøyen, 1er octobre 2017

Mon accent français ne cède pas de terrain. Je l'entends moi-même lorsque je crie pour galvaniser mes collègues lors du match amical qui nous oppose à une équipe d'ingénieurs pétroliers : « *Kom igjen, kom igjen !* » (« Allez, allez ! »)

Nos adversaires du jour viennent d'égaliser et, en tant que capitaine de l'équipe de football, je me dois de remotiver les troupes. Je tiens à cette victoire, moi qui ai pris l'initiative de monter une équipe quelques mois après mes débuts dans l'entreprise. Le sport m'a permis de tisser des liens avec mes collègues. D'un naturel introverti, le Norvégien manque parfois de spontanéité et ces sorties collectives m'aident à m'intégrer.

Dès mon arrivée à Oslo, du fait d'un faible taux de chômage[6] et de la dynamique du plein-emploi, j'ai trouvé du travail dans le département marketing d'une grande entreprise commercialisant du café. Les Scandinaves comptent parmi les plus grands consommateurs de café par habitant au monde. Avec presque quatre tasses par jour, le marché offre beaucoup de possibilités !

« On ne va quand même pas perdre contre des ingénieurs de quarante-cinq ans ! s'écrie Jon, qui travaille dans une de nos boutiques.

6. 3,5 % en 2017.– Source : Eurostat.

— Quelqu'un veut aller au goal pour me remplacer ? demande Mohamed, commercial.

— J'y vais. De toute façon, j'ai trop couru, j'ai trop crié », dis-je en enfilant les gants de gardien. Si l'on perd ce match, j'ai déjà trouvé des excuses. J'ai dû largement remanier mon équipe en raison de congés paternité de plusieurs joueurs.

L'absence de Rykard, trente-sept ans, qui travaille au service après-vente, n'était certes pas préjudiciable. Il est actuellement en plein milieu de son congé paternité de cinq mois. Grand fan de l'équipe de Liverpool mais joueur de football au talent discutable, il montrait quelques problèmes d'endurance.

En revanche, il nous manque deux joueurs de bon niveau et adroits au tir. Martin, vingt-neuf ans, technicien, et Peter, trente-trois ans, commercial. Je les avais placés en attaque et ils nous font cruellement défaut. Cette disette liée aux longs congés crée des difficultés de management. Mais un bon coach se doit d'anticiper les absences. J'ai donc demandé à une collègue, Tonje, de se libérer. Les Norvégiennes ont la réputation d'être très sportives et performantes. Lors des quatre derniers jeux Olympiques d'été, les femmes ont rapporté 71 % des médailles norvégiennes, alors, que sur la même période, les Françaises ont contribué à 27 % des médailles françaises. Avec ses crampons, ses hautes chaussettes rouges et ses longs cheveux blonds, Tonje est donc une valeur sûre.

Elle joue régulièrement dans un club de football et ressemble à l'attaquante norvégienne de l'Olympique lyonnais, Ada Hegerbeg, connue pour être la première femme Ballon d'or. La star du football norvégien a également fait parler d'elle en refusant de jouer pour l'équipe nationale, à cause des écarts de rémunération entre les équipes masculine et féminine. Et vu le niveau footballistique des hommes norvégiens, je la comprends. La fédération a d'ailleurs cédé à sa demande, mais Ada Hegerberg a malgré tout refusé de jouer en sélection, critiquant le manque de professionnalisme et de moyens accordés au football féminin. Faut pas la chercher.

Tonje a une belle frappe et mon choix de coach s'est révélé judicieux, au regard de ses deux buts du jour. Elle n'a pas arrêté de tacler. Son excès d'engagement a d'ailleurs blessé un joueur de l'équipe adverse en début de match.

« Allez, plus que cinq minutes, on donne tout ! » J'encourage Mohamed qui dribble des joueurs de l'équipe adverse. De loin le plus agile balle au pied, il occupe le poste de meneur de jeu.

Malheureusement pour lui, à la naissance de son petit Adam, il n'a pas pu bénéficier d'un congé paternité rémunéré. Sa femme était alors étudiante et l'État norvégien n'accorde pas aux hommes le congé parental partagé si la mère n'a pas travaillé au moins six mois. Une mesure norvégienne presque discriminatoire, qui lui a valu un blâme de la part de l'Union européenne. Depuis, la Norvège a changé ses règles. Mohamed m'a d'ailleurs confié ses regrets : « Je souhaitais vraiment avoir deux mois de congé. J'étais à deux doigts de prendre un "sans-solde", mais je ne pouvais pas me le permettre économiquement. Pour mon deuxième enfant, je prendrai au moins trois mois. » Je lui ai répondu d'attendre un peu pour ne pas mettre en danger l'équipe…

Depuis ma cage de football, je vois l'action de la victoire se dérouler devant moi. Mohamed, d'une passe transversale soignée, lobe deux défenseurs adverses et trouve Tonje. Elle contrôle et sa frappe précise propulse la balle dans le petit filet.

Tout le monde crie « *Måål* » (« But ») et se félicite. La partie s'achève et, en sueur, nous discutons du match en finissant nos bouteilles d'eau. Assis sur le banc au bord du terrain, j'ouvre mon téléphone portable pour lire mes e-mails du travail, vérifiant s'il y a une urgence.

Il n'y a pas d'urgence.

Mais il y a panique.

***Date** : 01/10/2017 – 16 h 35*

***Émetteur** : Susan B, présidente de l'entreprise*

***Destinataire** : Tous les employés*

***Objet** : Annonce département marketing*

Chers tous,

J'ai le regret de vous annoncer que Johanna K., notre directrice marketing, va quitter l'organisation. Nous allons entamer un processus de recrutement pour la remplacer,

Cordialement,

Susan

Johanna est ma responsable directe. Je suis triste qu'elle quitte l'entreprise. Surtout, une opportunité d'évolution en or se présente à moi. J'ai bientôt quatre ans d'expérience dans mon entreprise et pense être qualifié pour prendre la place de Johanna. Mais le timing est vraiment cauchemardesque. Comment prendre le poste si j'annonce, à mon tour, cinq mois de congé paternité ? Professionnellement, les planètes ne s'alignent pas. Jusqu'ici, l'impact d'un long congé paternité m'inquiétait moyennement. Mais depuis cet e-mail, il pourrait me faire rater une promotion...

Les principes bienveillants de ce congé parental partagé se heurtent à une nouvelle réalité. Je ne sais plus qui ni quoi privilégier. Moi-même ? Louise ? Ma future fille ? Mes convictions ? Mes ambitions ? Vie personnelle, vie professionnelle, le dilemme est posé.

Des gouttes de sueur envahissent mon front. Proviennent-elles de l'effort fourni ou de cette nouvelle information ?

Markus, un des joueurs de l'équipe qui sait que j'attends un deuxième enfant, a également lu l'e-mail de Susan. Il me demande :

« Tu as vu l'e-mail ? Ce n'est pas mal pour toi, non ? Tu devrais postuler !

— Oui, c'est clair, mais je vais prendre cinq mois de congé paternité bientôt.

— Ah ouais, c'est long, quand même !

— Tu trouves ?

— Moi, j'ai pris le minimum, parce que, franchement, rester à la maison avec un bébé, ce n'était pas pour moi. Je tournais en rond, je n'avais qu'une seule envie, reprendre le travail. En plus, en tant que commercial, ce n'est pas si simple de casser la relation client d'un coup, comme ça. J'ai même légèrement continué à travailler pendant que je m'occupais de ma petite.

— Tu crois que je vais être pénalisé si je postule ?

— Ce n'est pas si simple. À mon avis, Susan ne va rien te dire. Elle va juste se demander si tu es compétent. Si elle te met une pression ou essaie de t'influencer, elle risque beaucoup. Tu es dans ton droit. Mais méfie-toi quand même de ne pas envoyer le message que tu te désinvestis de l'entreprise.

— Tu me conseilles quoi ? »

Markus m'explique qu'il ne faut pas verser dans la naïveté et qu'il est préférable de discuter ouvertement des conséquences de mon congé, surtout si j'aspire à une promotion. « On travaille dans une grande entreprise internationale, donc les longs congés posent moins de souci que dans les petites structures. J'ai des amis à qui les managers ont demandé de ne pas s'absenter, en leur proposant de doubler leur salaire pendant la période de manière que leur femme puisse poser un “sans-solde” ou payer une nounou. Ça se fait aussi, même si peu de gens en parlent, car ce n'est pas vraiment autorisé. Dans ton cas, cinq mois de congé et une promotion en même temps, tu rêves un peu. On est en Norvège, mais redescends sur terre !

— C'est clair. »

Mais je ne peux plus faire marche arrière. Il faut que j'en parle à Louise, ma femme. Et à Susan, ma cheffe. Mince alors, quel dilemme ! Et si ce long congé paternité m'envoyait sur le banc des remplaçants ?

Le jour où j'ai annoncé mon congé de cinq mois à ma cheffe

Et si on devenait vraiment égaux sur le marché du travail (1/2) ?

Bureau de Lysaker, 3 octobre 2017

Ce jour-là, ma barbe est mon unique signe de virilité. Je ne peux pas me cacher derrière elle, je vais affronter la modernité en officialisant mon choix auprès de ma cheffe. Parmi tous mes blocages au sujet d'un long congé paternité, c'est de loin les conséquences sur ma carrière qui m'inquiètent le plus. Je ne sais pas comment ma cheffe va réagir – surtout que j'ai la mauvaise idée de lui demander une promotion le même jour.

En Norvège, mon quotidien change beaucoup de mon rythme parisien – synonyme de deux heures dans les transports en commun et de journées de jeune cadre qui finissaient à 19 heures 30. À Oslo, la lumière du jour est plus rare qu'à Paris, mais, curieusement, j'en profite davantage. Partir du travail à 16 heures est la norme, du chef d'entreprise à l'employé. Les structures sont plus horizontales, le concept de hiérarchie moins sacralisé, les dirigeants très accessibles. Personne ne reste longtemps pour faire du zèle, les Norvégiens dînent tôt. De même, la pause déjeuner commence à onze heures et dure une vingtaine de minutes. Ole Ivar, le commercial de l'équipe « B2B », lance un « *Lunsj* » et tout le monde le suit. Dès 10 heures 55, la cantine est prise d'assaut. Une longue queue se forme et je me surprends parfois à en faire partie.

J'ai passé mes premiers mois en entreprise à prendre des selfies dans les bureaux vides à 16 heures 15 pour les envoyer à mes anciens collègues parisiens. Je ne dirais pas que les Norvégiens travaillent moins ni qu'ils sont plus productifs. Les mauvaises langues disent que l'argent du pétrole les a rendus fainéants. Ils ont simplement une autre culture de l'entreprise, davantage perçue comme un espace professionnel que l'on souhaite quitter au plus tôt pour rejoindre sa famille. Profiter de ses enfants est un des premiers critères de bonheur ici, de façon assez généralisée. Le mot d'ordre est « efficacité ». La vie familiale est sacralisée et les entreprises s'organisent en fonction.

Comme tous les matins, j'emmène Émile au jardin d'enfants. Sur le trajet, nous jouons sous la pluie à reconnaître les marques des voitures. Avec fierté, il les identifie toutes : Volkswagen, Toyota, Audi... J'avais réussi à lui faire préférer Peugeot, mais il a vite changé pour Tesla et ses modèles électriques de luxe qui ont envahi Oslo et dont le succès illustre à merveille la société norvégienne : riche, soucieuse de l'environnement, moderne, voire en avance sur son temps.

Je salue Amel et les pères des copains d'Émile, mais je ne m'attarde pas. Aujourd'hui, je ne suis pas d'humeur, juste angoissé à l'idée de me rendre au rendez-vous de 9 heures. Au moment de me diriger vers le bus 31, qui roule à l'électrique, fidèle à ma routine d'expatrié, je lance ma playlist de chansons françaises.

Dans le bus bloqué dans les embouteillages, je pense à mes sœurs et à mes anciennes collègues de France qui ont annoncé leur congé maternité à leur responsable. Elles m'ont raconté leur stress et leur angoisse de rater une belle occasion, avoué leur culpabilité de laisser trop de travail à leurs collègues, fait part de leurs frustrations de devoir arrêter des projets intéressants, de leur crainte de voir le ou la remplaçante effectuer un meilleur travail et même de leurs inquiétudes de s'embêter à la maison. Rarement un homme est exposé à ce processus. J'y suis.

Michel Sardou chante dans mes oreilles : « Dans un voyage en Absurdie, que je fais lorsque je m'ennuie, j'ai imaginé sans complexe qu'un matin je changeais de sexe, que je vivais l'étrange drame d'être une femme. »

C'est donc ça ? Ce matin, je suis une femme enceinte vivant « le drame » d'annoncer la nouvelle à sa cheffe.

Malheureusement, le bus rattrape son retard, l'ascenseur ne tombe pas en panne, il n'y a pas de queue à la machine à café, ma cheffe n'a pas eu d'empêchement, je n'ai plus d'excuses, je dois franchir la porte de son bureau.

Le caractère épuré de la pièce ajoute de la solennité à l'annonce. Peu de meubles, quelques tableaux abstraits. J'ai la sensation d'entrer dans un grand espace vide et de m'y sentir tout petit. Le tailleur sombre de Susan et ses larges talons lui donnent une autorité presque masculine. Les seuls accessoires visibles se résument à un stylo onéreux et à un bout de papier. Ici, les mots, comme les objets, doivent être choisis.

« Entre, Tristan, et ferme la porte derrière toi. » Tandis que je commence mon plaidoyer en essayant de poser un contexte pour mon annonce, elle m'interrompt rapidement en me demandant de m'asseoir.

Je choisis alors la version courte.

« Voilà, Susan. Je sais que tu comptes sur moi en ce moment, mais je prends cinq mois de congé paternité. »

Susan me remercie de l'information. Elle ne dit presque rien. Pas de « Je suis très contente pour toi », ni de « C'est long quand même », juste un « Tu vas nous manquer et on va essayer de te trouver un remplaçant. »

Je la relance : « Et pour le poste de manager, je vais postuler.

— J'en prends note, dit-elle, toujours très calme. Si j'estime que tu es compétent pour le poste, je t'inviterai à une série d'entretiens courant novembre.

— Peux-tu me dire si mon congé peut poser un problème au fait de postuler ?

— Les congés, pour les hommes et les femmes, font partie de la vie en entreprise. Nous basons nos décisions sur la capacité et les compétences », répond-elle très professionnellement.

Sa quasi-absence de réaction contraste avec mon bouillonnement intérieur. Je m'attendais à une scène plus dramatique, à un ton plus emporté, j'avais préparé ma liste d'arguments au cas où elle aurait contesté ou mis mon choix en question. Mais rien de cela. Est-elle prisonnière, elle aussi, de cette situation inversée ? Comment une femme pourrait-elle faire pression sur un homme pour raccourcir son congé ? L'a-t-elle vécu, d'ailleurs ?

Elle esquisse finalement un léger sourire dont j'ignore la signification, mais qui permet de détendre l'atmosphère. Je peux sortir fier de ce court entretien. Peu importe l'avis personnel de Susan, peu importe l'impact de cette décision sur ma carrière. Peut-être ai-je dramatisé l'événement du fait de mon origine française.

Elle saisit alors son précieux stylo, le fixe du regard quelques instants, ôte son capuchon et écrit sur le seul bout de papier visible « Congé paternité de Tristan Champion : du 17 mai au 1er novembre ».

Et je pense alors à Michel Sardou, revisité : « Dans un voyage en Scandinavie, qui me donne un autre regard sur la vie, j'ai imaginé sans complexe que ce matin je gardais mon sexe, que je vivais le fait, en somme, d'être un homme... »

Un homme moderne.

Les réactions de France

Les freins au changement

Paris, 4 novembre 2017

Pour l'instant, j'omets de préciser à mon entourage que l'idée vient de Louise. Je tire une certaine fierté à m'afficher en père moderne et me convaincs de mon courage dans cette décision de long congé. Je saisis l'opportunité de mon anniversaire pour ouvrir la parenthèse de l'expatrié nostalgique, dont la vie se déroule en Norvège mais dont le cœur reste en France. Lors de ce week-end parisien, je revêts la casquette de sondeur pour récolter les réactions de mes proches.
« Joyeux anniversaire, Tristan ! » chante en chœur ma famille réunie lors d'un déjeuner chez ma mère, dans les hauteurs du quartier de Belleville. Je commence ma tournée des grands-ducs en soufflant mes trente-trois bougies entouré de mes parents, mes frères et sœurs, mes nièces et neveux. Je me régale du gâteau aux noix cuisiné par mon père, dont la recette, fondante et croquante, reste indétrônable.

Je profite du dessert pour lancer un tour de table : « Vous trouvez ça bien que je prenne cinq mois de congé ? »

Avec sagesse, mon père souligne la chance que représentent pour moi cette occasion et cette trajectoire de vie qui me fait découvrir de nouveaux endroits et de nouveaux modèles. « Cela ne peut qu'être bénéfique de voir autre chose que la mentalité française. » Il trouve cela positif, mais pas unique. Il nous rappelle à tous que, dans les années 1970, il avait quitté la France et son travail, et vendu sa voiture pour passer deux ans avec ma mère qui préparait une thèse en Inde. Ils avaient alors adopté mon grand frère, Victor, à l'orphelinat de Pounha. Ma mère travaillait et, chose que j'ignorais avant cette conversation, mon père s'était occupé de mon grand frère pendant un an. Victor avait quelques mois seulement. En l'écoutant, en imaginant mon père à l'âge de trente ans en Inde avec un bébé dans les bras, je ravale un peu ma fierté. Mon histoire est bien plus légère.

Ma mère me félicite aussi. Elle trouve cette décision formidable et souligne tant son admiration du mode de vie norvégien que l'effort investi pour faciliter la vie des familles. « Le système est vraiment bien pensé, car chaque couple peut faire pratiquement comme cela l'arrange. Louise doit être contente de t'avoir épousé. » Ou moi l'inverse ?

Mes sœurs aînées voient toutes les deux l'allongement du congé paternité comme un combat féministe. L'une travaille au secrétariat d'État chargé de l'Égalité entre les femmes et les hommes, tandis que l'autre est engagée dans un théâtre militant dans le quartier Belsunce de Marseille. Elles trouvent que j'ai de la chance et, conscientes que, dans mon couple, c'est Louise qui s'occupe davantage de notre fils aîné, elles me rappellent à l'unisson : « Ça te fera du bien de t'occuper d'un bébé et de faire une pause dans ta carrière. Et on espère que tu prendras plus de responsabilités dans les tâches quotidiennes ! »

J'aime bien mes sœurs, mais de quoi je me mêle ?

Mon frère, content pour moi, n'en revient pas que l'État norvégien indemnise le salaire à 100 %. Il relie cette prodigalité à l'économie pétrolière du pays. « Leur fonds souverain de plus de mille milliards d'euros leur permet des aides sociales généreuses », affirme-t-il.

J'ai beaucoup entendu cet argument, qui, me semble-t-il, est à relativiser. La Suède, le Danemark et l'Islande, qui n'ont pas de ressources pétrolières, ont conduit les mêmes réformes. Même si le financement du long congé paternité soulève des questions, c'est donc davantage le fait d'une politique volontariste qu'une libéralité strictement budgétaire. Je lui précise par ailleurs que l'État norvégien « fait des économies en ne proposant aucune place de crèche la première année de l'enfant ».

C'est ma nièce Hannah, âgée de douze ans, qui conclut la conversation : « Je trouve que la Norvège est très avancée et que nous, les Français, devrions nous bouger un peu ! » Toute la table acquiesce devant la voix de l'adolescence.

Je file à mon deuxième rendez-vous du jour pour retrouver trois anciennes collègues de travail dans un bar de République qui se transforme presque en fan-club tant j'y suis bien accueilli.

Mes collègues me félicitent pour ce choix. Elles adorent le concept de père engagé dans l'éducation de l'enfant, et louent surtout l'impact sur les relations au travail. Julie commence : « Tu vois, moi, j'ai stressé quand j'ai annoncé que j'étais enceinte à mon employeur et je trouve que voir un homme passer par cet état, ça fait plaisir. On se sent moins seule à affronter la parentalité ! Ce système doit complètement changer la donne sur le marché du travail. »

« Ce que j'aime bien avec un congé paternité qui peut devenir aussi long qu'un congé maternité, c'est que les hommes et les femmes posent potentiellement le même risque à leur employeur. Et je suis sûre que ça discriminerait moins les femmes », enchérit Jeanne.

Elle me parle de la charge mentale, ce concept à la mode selon lequel les femmes en couple ont l'esprit préoccupé par les tâches ménagères et la gestion du foyer. « Tu vas voir, je suis sûre que cela va changer ton couple et ton rôle dans l'éducation des enfants. Tu vas être maître de l'organisation et tu auras toute la logistique à gérer. Tu vas créer des relations privilégiées avec ta petite et ton fils aîné. J'ai hâte de savoir comment tu vas le vivre. T'as trop de chance ! »

Fanny tempère légèrement l'enthousiasme ambiant : « Le congé maternité est d'abord là pour protéger les femmes », dit-elle. L'idée de donner les mêmes droits à une femme qui accouche et à un homme qui n'accouche pas n'est pas intuitive, selon elle. « Le congé maternité est un moment mérité, qui intervient après une expérience, qui, dans certains cas, est synonyme de souffrance et de dépression. Je ne pense pas que mon mari serait tenté, de toute façon », conclut-elle honnêtement.

J'observe qu'aucune de ces femmes ne juge qu'un homme s'occuperait moins bien d'un bébé. La théorie de l'instinct maternel meilleur pour l'enfant est vite balayée.

Le débat commence à s'enflammer lorsque je raconte mon expérience à mes amis d'enfance. Nous nous retrouvons, nous, la fameuse bande des cinq, tous pères, dans un bistrot du douzième arrondissement. Les avis divergent, le ton monte, le brouhaha résonne dans le café.

Très vite, Julien, un copain de l'école primaire, agent immobilier, est sur la défensive : « En France, ce ne serait pas possible, ce n'est pas dans les mentalités ! » Tachung, commercial, enchaîne : « Je comprends l'idée, mais je ne peux pas lâcher mon boulot de directeur des ventes pendant cinq mois, c'est juste inenvisageable. Je me ferais griller par mon patron, de toute manière. Déjà, si je pose une semaine, il fait une syncope... »

Adrien, qui a travaillé dans le marketing, rebondit : « Tu vas t'occuper pendant cinq mois de ton bébé ? Sérieux, je ne sais pas comment tu fais ! Déjà, c'est plutôt inintéressant, surtout à ce très bas âge, et puis franchement, est-ce que c'est si positif pour l'enfant ? »

Jérémy, chirurgien, me dit : « C'est impossible dans mon milieu, mais ce n'est pas inintéressant comme démarche. Et si tu n'essaies pas, tu peux pas savoir si c'est fait pour toi ! » Jérémy me surprend avec ses phrases toutes faites qui sonnent bien. Mais si les premières réactions sont spontanément mitigées, je vois bien que le concept fait réfléchir. Après un petit silence, Tachung demande : « Tu conserves vraiment tout ton salaire ? » Fou rire dans le café, le commercial a parlé.

Julien confirme : « Si tu as tout ton salaire, ça change la donne. Tu mets ça en place demain en France, je suis sûr que la moitié des pères le tentent. Je trouve que ces Norvégiens ont quand même un temps d'avance sur nous ! » Le fait que moi, le roi de l'étourderie pendant notre scolarité, je m'apprête à passer cinq mois seul avec mon bébé les fait tous beaucoup rire. « Louise, qui s'occupe de tout dans le couple, a du souci à se faire ! »

« Comment tu le prends ? me demande Julien.

— Au début, je n'étais pas très chaud, mais je me suis fait à l'idée. Et je pense aussi que je contribue, à mon niveau, à rendre une société plus égalitaire. »

Charles, un de mes rares amis à ne pas avoir d'enfant, nous rejoint dans le bar. Il est sceptique sur ce genre de réformes. « Je ne soutiens pas l'idée, je ne vais pas la combattre non plus, dit-il. Mais quand je t'entends dire que ces congés parentaux partagés diminueraient les inégalités, je trouve cela très présomptueux et potentiellement faux. » Charles est convaincu que l'on discute trop rarement des biais statistiques des études bien-pensantes. « Les congés parentaux représentent un coût pour la société qu'il faut financer. C'est à la mode dans un milieu urbain féministe, mais ce n'est pas représentatif des valeurs de notre pays. La maternité est différente de la paternité. Beaucoup de pères ne peuvent pas se permettre de s'arrêter de travailler, que ce soit financé ou non. »

Charles est toujours sincère et je pense que je partageais une partie de ses opinions avant de me rendre en Norvège. Son raisonnement pointe le décalage culturel entre la France et la Norvège. Moi qui voyais dans cette répartition de congé parental un acte moderne, contribuant à une société égalitaire et pouvant aussi réduire certaines injustices au travail, est-ce que je fais fausse route ?

Réponse au prochain épisode.

Les congés maternité et paternité en France

Peu d'études sont menées sur les Français et leur regard sur le congé paternité. Aucune à ce jour n'a porté sur le concept de « l'alternance », elles se focalisent plutôt sur sa durée.

1. Ministère de la Santé et des Solidarités, « Les Français et les congés de maternité et paternité : opinion et recours », *Études et Résultats*, n° 1098, Drees, janvier 2019.

   38 % des Français jugent que la durée du congé paternité est trop courte. Le résultat dépasse 50 % chez les parents de jeunes enfants.

GRAPHIQUE
Opinion des Français concernant la durée des congés de maternité et de paternité

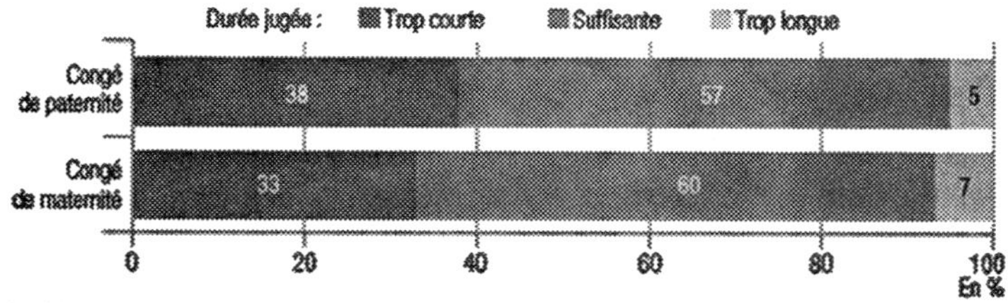

Lecture • En 2016, 38 % des Français jugent que la durée du congé de paternité est trop courte, alors que 33 % sont de cet avis pour le congé de maternité.
Champ • Personnes habitant en France métropolitaine et âgées de 18 ans ou plus.
Source • DREES, Baromètre d'opinion 2016.

2. Institut de sondage GECE, étude réalisée auprès de 1 002 jeunes parents français en avril 2018, https://www.faireparterie.fr/conge-paternite-en-france/.

   66 % des jeunes parents sont favorables à une prolongation du congé paternité, dont :

   — 52 % de pères et 80 % de mères ;

   — 58 % en Île-de-France contre plus de 70 % dans les autres régions ;

   — 55 % dans les catégories socioprofessionnelles dites « aisées ».

Chiffres à l'appui

Les conséquences économiques du congé parental alterné

Bureau de NHO, 15 novembre 2017

De retour à Oslo, vexé par les propos de Charles, je m'improvise quelques jours journaliste économique. Calepin, calculatrice et lunettes rondes en main, j'entame tel un détective une série de recherches approfondies sur l'impact du congé parental sur le marché du travail en Norvège. Toute la société soutient-elle ce système ? Réduit-il vraiment les inégalités ? Favorise-t-il les carrières des femmes ? Quelles sont les conséquences économiques et budgétaires de son application ? Et si mon enquête réservait son lot de surprises...
Je la commence par une observation objective : le congé parental alterné est largement soutenu. Culturellement, les pères, dans leur majorité, ont intégré le concept de rester à la maison pour s'occuper de leurs enfants. Qu'ils habitent en milieu rural ou urbain, qu'ils soient issus de catégories socioprofessionnelles aisées ou modestes, environ 70 % des pères prennent un long congé parental[7]. Je ne suis pas surpris que, en matière de santé publique, le personnel éducatif et médical reconnaisse les bienfaits de l'implication des deux parents dans l'éducation. Plusieurs études, comme celles de Kristin Nordahl, montrent que, dans les familles avec un père et une mère, la forte présence paternelle la première année réduit les comportements agressifs des enfants[8].

---

7. « Le congé paternité en Norvège : plus populaire que jamais » – Source : Statistikk sentral byrå.
8. Kristin Berg Nordahl, doctorante à l'université de Bergen, 2014.

Mon étonnement se manifeste quand je m'intéresse à l'opinion des partis politiques norvégiens. Je découvre que le congé parental alterné est aussi bien soutenu par la gauche, qui l'a mis en place dans les années 1990[9], que par la droite qui, en 2018, a même augmenté sa durée d'un mois[10]. Cette unanimité politique tranche avec la vision française que j'avais, qui réserve ce combat féministe à une classe politique principalement de gauche.

De même, en France, il est classique de voir les syndicats d'employés se battre seuls pour ce sujet. Mais, en Norvège, je m'aperçois que même les patrons militent pour davantage d'égalité ! Le syndicat des employeurs norvégien NHO (l'équivalent du Medef français) s'affiche en grand défenseur du congé paternité. Kristin Skogen Lund, sa présidente, exerce constamment une pression auprès du gouvernement pour « allonger le quota du père à vingt semaines ». Le congé parental défendu par les employeurs éveille ma curiosité.

Je parviens à obtenir un rendez-vous dans les locaux de NHO, où je suis mis en contact avec Kristina Jullum Hagen. Premier étonnement, le syndicat patronal possède un département sur les questions d'égalité homme-femme, dont Kristina est la représentante. Elle m'accueille avec bienveillance et m'explique, statistiques de l'OCDE à l'appui, que le taux d'emploi des femmes en Scandinavie figure parmi les plus hauts d'Europe. Avec fierté, elle insiste sur le fait que cette force de travail contribue de façon déterminante au produit intérieur brut du pays : « En Norvège, en 2018, le taux d'emploi chez les hommes atteint 75 %, pour 72 % chez les femmes, le plus faible écart au monde. » En France, l'écart est de sept points : 68 % pour les hommes contre 61 % pour les femmes[11]. « Il est important de ne pas faire reposer tout le congé parental sur les femmes, il ne faut absolument pas les éloigner du marché du travail », me répète-t-elle.

Elle ajoute : « On a calculé que, si les femmes étaient restées au niveau d'emploi des années 1970 (avant la politique égalitaire sur les congés parentaux), la perte du PIB aurait été de 220 milliards d'euros. Le dernier rapport du bureau statistique norvégien a montré aussi que la différence

9. Mis en place par l'Arbeiderpartiet (parti travailliste) en 1993.
10. Passage de dix à quatorze semaines du quota du père sous le gouvernement de droite d'Erna Solberg (Høyre).
11. Rapport OCDE 2018 (disponible sur le site Internet de l'OCDE).

de rémunération en Norvège entre les hommes et les femmes avait diminué entre 2005 et 2014, période pendant laquelle le congé paternité s'est allongé. » Le congé parental alterné créerait donc de la richesse ?

Selon Kristina, la tendance vers l'alignement des congés de maternité et de paternité permet également un marché du travail plus équitable. « Les femmes sont moins sujettes aux discriminations car, en cas de naissance d'un enfant, elles représentent le même "risque" pour leur employeur qu'un homme. » Avant, il était garanti que la femme s'arrête pendant tout le congé, alors que, maintenant, cette obligation est partagée et l'employeur ne peut plus se dire : « Avec un homme, je n'aurai pas de congé. » Mais si la théorie est juste, dans les faits, les femmes absorbent toujours 75 % des congés car elles s'octroient plus volontiers le « congé partageable » et restent donc toujours plus « sujettes à poser de longs congés ».

Notre discussion aboutit à une réflexion intéressante. En France, quand un ingénieur devient père et que la mère finit son congé maternité, ils embauchent dans de nombreux cas une nounou pour s'occuper de leur bébé. En Norvège, le père s'en occupe lui-même et son entreprise le remplace par un autre ingénieur. La dynamique d'offres d'emploi est très différente. D'un côté, la naissance d'un enfant crée un emploi de nounou. De l'autre, un emploi temporaire d'ingénieur. « Le congé paternité permet la création de métiers qualifiés ou, tout du moins, de métiers représentatifs des besoins du pays », explique Kristina Jullum Hagen. Il dynamise le marché du travail, ce qui est l'occasion pour beaucoup de jeunes d'accéder à des premiers emplois à valeur ajoutée et ce qui joue un rôle clé dans la formation », conclut-elle. Imaginons que, pour les 700 000 naissances par an en France, 500 000 hommes quittent leur emploi plusieurs mois. Combien d'offres d'emploi seraient ainsi générées ?

Mais le congé parental permettrait-il pour autant de diminuer les écarts de salaire entre les femmes et les hommes ? Une étude suédoise de 2010 commandée par le ministère du travail montre que « chaque mois supplémentaire de congé parental paternel augmente le salaire d'une mère de 6,7 %[12]. » Les femmes devraient me féliciter ! Tristan Champion, bientôt cinq mois de congé paternité, héros des temps modernes, contribue-t-il à la diminution des inégalités salariales ? Pas si simple non plus.

12. Rapport 2010 du ministère du Travail en Suède (disponible sur le site Internet : à compléter)

D'autres études académiques contredisent ces observations. Notamment la dernière en date de l'institut sociétal norvégien, qui a montré que l'augmentation du quota du père n'a pas eu d'effet significatif sur les carrières des femmes en Norvège. L'étude a comparé 8 000 familles en 2009 (lorsque le congé paternité était de six semaines) à 8 000 familles en 2010 (lorsque le congé était de dix semaines)[13]. Conclusion : il n'y a pas de différence dans l'évolution des salaires entre les deux échantillons.

Par ailleurs, je m'aperçois que les milieux économiques ne sont pas tous bienveillants à l'égard de ce long congé. Certaines entreprises norvégiennes contournent la loi. Elles critiquent les complications que ces longues absences génèrent pour leur activité et n'hésitent pas à « racheter » le congé paternité à l'homme pour qu'il reste au travail, comme me le racontait Markus après notre match de football. « Les employeurs n'osent pas le faire pour les femmes mais le proposent à certains hommes. Certaines entreprises voudraient une loi l'autorisant », selon Jørgen Brostrøm, consultant spécialiste, qui n'a aucun chiffre officiel sur cette manière de procéder. Moi qui pensais les Norvégiens toujours respectueux de la loi...

Je boucle mon investigation en contactant Hélène Périvier, économiste française à l'OFCE et spécialiste des inégalités professionnelles. Elle a publié un article complet compilant les différentes études et étudiant les enjeux des congés parentaux en Europe. Elle pointe un manque de consensus sur la question de l'impact sur les inégalités professionnelles : « S'agissant du partage du congé parental, les résultats des expériences nordiques ne sont pas spectaculaires dans la mesure où les femmes prennent toujours la plus grande part du congé. Par ailleurs, un recours accru des pères aux congés parentaux ne garantit pas qu'ils s'impliquent davantage et durablement dans l'ensemble des tâches domestiques et familiales. »

Enfin, je ne peux pas ignorer la question du coût. Quelle facture l'État doit-il régler pour mettre en place l'égalité des congés ? Aligner le congé paternité sur le congé maternité élèverait la facture budgétaire pour la France de 1,54 milliard d'euros, selon la même étude d'Hélène Périvier. De quoi se poser des questions sur sa mise en place ? Sur cette question budgétaire, il me semble intéressant de calculer l'investissement total

---

13. Institutt for samfunnsforskning (Institut de recherche sociale).

de l'État lors de la prise en charge de l'enfant la première année plutôt que de regarder un seul poste de dépense. L'État engage une série de dépenses liées aux congés maternité, paternité, parental, à l'appareil de garde collective et à la construction de places en crèches. La politique de défiscalisation des aides à domicile représente aussi un manque à gagner. C'est en évaluant cet investissement dans son intégralité qu'il faut étudier le coût du modèle de congé parental. Est-il préférable de construire les 250 000 places de crèches manquantes ou de mettre en place le congé parental alterné ? Si un bébé en crèche coûte en moyenne 1 700 euros par mois à l'État, le financement d'un congé serait-il si explosif ?

Que conclure de ces différentes études ? Qu'il y aura toujours une bataille des chiffres et que, selon que l'on soutienne ou non cette initiative, on trouvera toujours une réponse scientifique allant dans sa direction... Le congé parental alterné est selon moi un investissement sur l'avenir. Pilier de la politique égalitaire, il contribue d'abord à changer les mentalités et donc, à terme, à tendre vers davantage d'égalité.

Il reste un des piliers permettant aux pays scandinaves d'occuper la tête de tous les classements internationaux sur les questions de l'égalité homme-femme. Dans son rapport sur le *Global Gender Gap* (« Les écarts entre hommes et femmes dans le monde »), le World Economic Forum place l'Islande, la Norvège, la Suède et la Finlande aux avant-postes. D'autres études internationales publiées dans *Business Insider* mentionnent le Danemark, la Suède et la Norvège comme pays dans lesquels les conditions de vie sont les meilleures pour une femme. Si le congé parental alterné peut toujours être contesté, la suprématie des pays scandinaves sur la question égalitaire demeure, elle, incontestable.

Les classements internationaux sur les questions de l'égalité homme-femme dans les pays nordiques et en France

	Norvège	Suède	Danemark	Islande	Finlande	France
Classement international du bonheur 2018 https://worldhappiness.report/ed/2019/	3e	7e	2e	4e	1re	24e
Pays où il fait mieux vivre pour une femme (classement US News et World Report, 2019) https://www.francaisaletranger.fr/2019/03/28/best-countries-for-women-le-classement-annuel-du-magazine-americain-us-news-world-report/	4e	1re	2e		6e	14e
Rapport international des inégalités homme-femme (World Economic forum) http://reports.weforum.org/global-gender-gap-report-2018/results-and-analysis/	2e	3e	13e	1re	4e	12e
Rapport international des pays les moins corrompus (Transparency International, 2018) https://www.transparency.org/cpi2018	7e	3e	1er	14e		21e

La promotion n'aura pas lieu

Et si on devenait égaux sur le marché du travail (2/2) ?

Cantine du travail, 20 novembre 2017

Je regarde le menu de la cantine avec attention, me demandant à quelle sauce je me ferai manger. Un filet de saumon avec des pommes de terre sautées en plat principal et un gâteau à la carotte en dessert. En guise d'entrée, pour ce déjeuner, je savoure la décision de Susan relative à ma demande de promotion.

Elle a jugé préférable d'avoir cette discussion dans un endroit informel, ce qui a généré chez moi, avant l'échéance, nombre d'hypothèses. Quand j'étais étudiant, j'avais suivi un cours de management montrant qu'il valait mieux, parfois, annoncer des décisions difficiles dans des lieux moins officiels que les bureaux fermés. Je me suis donc fait à l'idée que poser cinq mois de congé parental et demander une promotion ne sont pas compatibles.

« J'ai une bonne et une mauvaise nouvelle pour toi », m'annonce d'emblée Susan.

Ça sonne la phrase de manager.

« La mauvaise, c'est que tu n'auras pas ta promotion. Je n'avais pas pensé à toi pour ce poste de manager, il te manque encore de l'expérience. »

Ah, le fameux manque d'expérience...

« Et la bonne nouvelle ?

— Je propose que, pour les six prochains mois, tu occupes le rôle de manager par intérim, le temps que je recrute quelqu'un. »

Je ne suis pas certain de suivre toute la logique, mais je laisse Susan continuer.

« Pendant cette période, je vais te donner une prime qui constitue une promotion temporaire avec de nouvelles responsabilités. Tu auras les rênes de l'équipe jusqu'au début de ton congé paternité le 17 mai. Cela t'aidera dans ta carrière, par la suite. »

Je ne suis toujours pas certain de suivre toute la logique, mais le mot « prime » résonne positivement.

« Merci pour ta confiance, Susan ! » dis-je, appréciant finalement la sauce citronnée qui accompagnait mon poisson.

« Tu sais, Tristan, tu as eu un certain culot de poser un congé en demandant une promotion. C'est rare de se faire bousculer ainsi en tant que manager. Mais tu as eu de très bonnes évaluations et je pense que c'est mérité pour toi ! »

Cette expérience de management d'une équipe de huit personnes sera nouvelle pour moi. Je ne peux objectivement pas me plaindre de la décision de Susan. Mais je m'interroge : est-ce que je subis une discrimination du fait de mon congé paternité ? Comment puis-je mériter le poste temporairement, mais pas définitivement ? Quelle aurait été la décision de Susan si je n'avais pas posé un congé paternité de cinq mois ?

« Je commence quand mon nouveau rôle ?

— Aujourd'hui.

— Déjà ?

— Oui », confirme-t-elle avant d'entamer son brief. La première mission que Susan me confie est de recruter en CDD de six mois la personne qui va me remplacer pendant mon congé paternité : « Tu es le plus compétent pour trouver la personne la plus compétente pour remplacer tes compétences », me dit-elle. Cela fait beaucoup de compétences pour un seul homme et en une seule phrase, mais je n'ai d'autre choix que de lancer le processus de recrutement de l'ancien Tristan. À moi la joie des entretiens, cette fois-ci en tant que manager.

Il faut quelques talents d'équilibriste pour embaucher quelqu'un de suffisamment intelligent pour faire correctement le travail (et ne pas se faire déranger en congé paternité), mais pas trop non plus, pour que Susan continue de se dire : « Tristan nous manque ».

Pour déjouer l'idée farfelue de me faire remplacer par un employé moins bien que moi, Susan ajoute un objectif : « Je vais conditionner une partie de ton bonus de fin d'année au fait d'assurer la passation des dossiers à ton ou ta remplaçant(e) de manière à garantir l'indépendance et la mise en place du travail. »

Annexer une partie de ma prime sur la réussite du remplaçant ? Susan a pensé à tout. Un recrutement raté ou une mauvaise passation me pénaliserait directement. En Norvège, les départs en congé parental ne sont pas vécus comme des exceptions qui posent un problème, mais comme partie intégrante de la vie professionnelle. Les managers sont formés et habitués à anticiper. Dans mon école de commerce française, aucun cours n'avait jamais mentionné cet aspect de la vie en entreprise.

« Et n'oublie pas, Tristan. Un bon manager délègue les tâches mais garde la responsabilité. Si une personne de son équipe ne fait pas bien son travail, c'est le manager qui assume.

— Bien sûr ! »

J'ai été promu six mois directeur marketing dans une grande entreprise internationale après avoir posé cinq mois de congé paternité. Mais c'est temporaire. À ma prochaine pause, je boirai mon café allongé avec fierté, même si, forcément, il me laissera un goût amer.

Naissance, taxi et course-poursuite

Le rôle du père dès la naissance

Hôpital public d'Oslo, 2 décembre 2017

1 heure

La pleine lune illumine l'appartement. Ou peut-être est-ce simplement la lampe de chevet que Louise vient d'allumer. Elle me réveille d'un geste brusque. Le temps joue contre nous. Il s'agit de notre deuxième enfant, Louise me fait comprendre que l'accouchement est imminent. Urgence, je bâille ton nom.

Notre fille devait naître fin novembre, mais elle a pris son temps. Dommage : à Oslo, les enfants de décembre ont beaucoup moins de chance d'obtenir une place en jardin d'enfants l'année qui suit. Heureusement, l'État norvégien promeut une politique garantissant une place en crèche pour tous. Ainsi, il dédommage les familles si aucun établissement ne peut accueillir le bébé à l'issue des dix mois de congés parentaux. Une aide de huit cents euros par mois en guise d'excuse. Ma fille sera pardonnée.

1 heure 05

Il faut vite rejoindre la maternité. Louise conserve la charge de l'organisation et parvient à prendre des décisions presque logiques. Elle me demande d'appeler sa sœur, qui habite à côté, pour garder notre fils aîné qui dort. « Frida ou Hannah ? » « Hannah. » Je suis les ordres. De rassembler nos affaires. Je suis les ordres. De réserver un taxi. Là, je propose une alternative. Nous habitons Grünerløkka, un quartier avec beaucoup de bars ouverts tard. Je suggère donc de descendre et de tenter notre chance directement dans la rue. Louise rejette l'idée : « Trop risqué pour la situation. » Je le concède. J'appelle la société Christiana Taxi. Christiana est le nom médiéval d'Oslo, mais la charrette a intérêt à carburer.

1 heure 10

Pas de panique, mais il faut vraiment se dépêcher là. Sa sœur arrive à la maison pour veiller sur Émile.

1 heure 20

Nous descendons et, pour une fois, j'ai raison. Plusieurs taxis libres passent devant nous. Celui que j'ai commandé n'arrive que dans neuf minutes. Une éternité. Vu la situation et Louise qui se tient le ventre, je suggère d'annuler le premier taxi.

Louise refuse. Malgré l'urgence, elle conserve sa mentalité norvégienne et reste attachée aux règles : « Nous avons appelé un taxi, nous l'attendons. » Elle me répète que la société fonctionne ainsi. Je lui indique que la créativité commence là où la règle s'arrête. Elle me répond que les Français ont toujours une bonne raison d'enfreindre la règle. Un partout, balle au centre.

Je finis par abdiquer. Mais quand même, c'est moi qui avais raison, non ?

1 heure 30

Le chauffeur arrive enfin. Étant donné notre quartier, il doit s'attendre à des jeunes éméchés entre deux soirées. Il hérite d'un couple avec femme enceinte. Pour sa banquette arrière, le risque est le même. Quand il nous voit, il n'a pas l'air rassuré. Moi non plus.

Je lance : « Hôpital public d'Oslo », amplifiant par là même son inquiétude. Je confirme son hypothèse de la banquette arrière menacée. Je devine son anxiété à la fréquence de nos regards qui se croisent dans son rétroviseur. Ses yeux sont plus rivés sur Louise, assise à l'arrière, que sur la route. J'ai envie de lui dire : « Regarde devant, appuie sur le champignon et amène-nous vivants à l'hôpital. »

Louise pousse de fortes expirations. Moi aussi. Le chauffeur aussi. J'essaye de soutenir Louise le mieux possible. Je ne sais pas si c'est moi qui lui tiens la main, ou elle la mienne.

1 heure 35

Flash : notre situation me renvoie au passage d'un de mes livres préférés, *Le Demi-Frère,* du norvégien Lars Saabye Christensen, où la mère, Vera, accouche en 1946 de son premier fils dans un taxi à Oslo. Un chef-d'œuvre de la littérature nordique qui voit la naissance de Fred au croisement des rues Kirkeveien et Ullevålsveien. La description de la scène est magique même si le taxi finit dans un état tragique. Évitons la tragédie, chauffeur !

1 heure 40

J'ouvre la fenêtre. Le chauffeur nous demande quelle route nous préférons. Cela fait dix minutes qu'on est partis, ce n'est pas un peu tard pour poser cette question ? Entre deux respirations, Louise sort un trajet censé lui donner de l'inspiration.

« Merci, Louise, heureusement que tu es là.

— Qu'est-ce que tu ferais sans moi, hein ? »

1 heure 50

Nous sortons du taxi. Le chauffeur regarde Louise. Il lui souhaite un légendaire « bon rétablissement », je règle la note.

2 heures

Nous poussons les portes de l'hôpital public d'Oslo. Nous courons et pénétrons dans la chambre d'accouchement. Changement d'ambiance : le temps est comme suspendu. Je demande à Louise : « C'est un hôpital ou un hôtel cinq étoiles ? » « Ne me fais pas rire… » Je rebaptise ce lieu « loft d'accouchement ». Un espace de cent mètres carrés juste pour nous, avec un grand fauteuil, de grands lits, une salle de bains. Il n'y a pas de minibar, mais, au centre de la pièce, une énorme baignoire. Vraiment énorme. On dirait qu'un jacuzzi surgit triomphalement, éclairé par la pleine lune.

2 heures 05

Je comprends que le jacuzzi n'est pas pour moi, c'est peut-être pour Louise.

2 heures 06

La sage-femme demande : « Louise, veux-tu essayer d'accoucher dans la baignoire ? Je sens que c'est pour toi. » Ce n'était pas prévu ça, l'accouchement dans l'eau. La baignoire ressemble vraiment à un jacuzzi. Si j'avais été une femme, j'aurais dit oui direct. Mais il est probable que Louise préfère s'en tenir à ce qui était prévu. Elle a un côté norvégien obstiné à repousser l'improvisation.

Louise a dit non au taxi improvisé. Elle dit oui à la baignoire.

2 heures 10

Les deux sages-femmes qui s'occupent de nous sont adorables. Elles réalisent un travail fantastique et communiquent très bien avec Louise, tout en me parlant beaucoup. Je fais partie de l'expérience, beaucoup plus que pour mon premier enfant à Trousseau. « Alors, Tristan, c'est la plus belle chose de la vie qui va se passer dans dix minutes ! Il va falloir aider Louise ! Un accouchement, c'est à deux ! » Je réponds timidement : « Oui. » Nous ne nous connaissons que depuis deux minutes et elles m'appellent déjà par mon prénom. À la norvégienne.

D'habitude, je fanfaronne. Mais là, je reste réservé.

« Tu parles norvégien ? me demande Bente, l'une des deux.

— Oui, oui, ça fait quatre ans que j'habite ici, maintenant. Je viens de Paris.

— Tu viens de France ? Ça se passe comment les accouchements, en France ?

— Sans jacuzzi. »

2 heures 15

L'amour des sages-femmes norvégiennes pour leur métier ajoute de la gaieté à ce moment magique. La pleine lune apporte sa touche de poésie et de commentaires : « On a toujours plus de naissances les jours de pleine lune. C'est scientifique. Il faut prendre des photos, Tristan ! »

— Du jacuzzi ? »

2 heures 20

Les deux sages-femmes encouragent Louise qui accouche en un temps record. « Donne-moi ton téléphone portable, je vais prendre une photo de vous avec la pleine lune en arrière-plan », répètent-elles.

Je coupe le cordon.

2 heures 22

Notre fille naît.

Non. Notre fille naît dans un jacuzzi.

Non. Après avoir évité la naissance dans un taxi, notre fille naît dans un jacuzzi.

Non. Notre fille naît dans un jacuzzi et me replonge dans la mentalité norvégienne.

2 heures 25

La sage-femme saisit alors le bébé des bras de Louise et me dit : « Tristan, enlève ton tee-shirt et mets ta fille contre toi. Elle doit sentir la chaleur de ton corps. » Je finis la soirée comme je l'ai commencée : je suis les ordres. Je rejoins ma fille dans le club des torses nus autour du jacuzzi. Je profite de ce moment inattendu, me rappelle que cette expérience est bien différente de celle de Paris.

2 heures 28

« Alors, comment vous allez l'appeler ?

— Nora. »

Nora, comme Nora Helmer, l'héroïne féministe, rusée, sémillante, impulsive et entière d'*Une maison de poupée* de l'auteur norvégien Henrik Ibsen.

Nora, comme Nora, la marque de pot de confitures numéro un en Norvège.

Nora, comme dans la phrase : « Tristan va passer cinq mois de congé paternité à s'occuper de Nora. »

2 heures 30

Bente m'invite à faire la toilette de Nora. « Il faut travailler, Tristan, pendant que Louise se repose ! » Je suis lessivé de cette naissance, Louise semble presque plus en forme. Je réalise à quel point le personnel médical, consciemment ou non, invite les hommes à s'impliquer dès les premières secondes suivant la naissance.

« Toutes nos félicitations ! »

8 heures 50

J'envoie un SMS à ma famille, à mes amis, à mes collègues. « Nora est parmi nous. »

9 heures

Je vais chercher Émile à la maison, le ramène à la maternité. Nous lui montrons Nora : « Alors, t'es content d'avoir une petite sœur ? »

Il l'enlace, sourit et répond : « Oui, je peux en avoir encore une autre ? »

Tant qu'il y a des jacuzzis...

Le cadeau au pied du sapin

Quand la religion s'intéresse aux stéréotypes de genre

Fagerstrand, 24 décembre 2017

En proposant à ma belle-famille de garder Nora, je parviens habilement à éviter la messe protestante de l'église de Fagerstrand. Je peux ainsi finir le petit château en pain d'épices et dresser la table du dîner de Noël avec les couverts en argent, les serviettes couleur sapin et la vieille nappe rouge tachetée de cire. Je lorgne aussi sur les cadeaux au pied du sapin, dont cette enveloppe en papier qui m'intrigue : « Pour Tristan, de Tor ». Mais qu'a-t-il bien pu m'offrir ?
Je laisse Louise et sa famille se rendre dans la chapelle en bois du village dont la construction doit dater du début du vingtième siècle. Elle peut accueillir environ trois cents personnes et affiche toujours complet en période de Noël. J'ai su être convaincant : un bébé qui pleure pourrait perturber la cérémonie. Nora, le nouveau trophée, attendra avant d'être présentée à tous les habitants du village de mes beaux-parents, Tor et Bodil.

La famille de Louise n'est pas très pratiquante, mais le fait de se rendre à la cérémonie à l'église lors des fêtes de fin d'année est culturel. Une habitude à laquelle je me plie habituellement et qui me permet de saluer Bente, la tante de Louise (qui fut Miss Norvège en 1975) et son mari Knut, l'organiste de la paroisse. Au début, j'étais perdu au milieu de toutes les combinaisons improbables, mais dorénavant, je ne m'étonne même plus qu'une femme pasteure officie pendant les cérémonies de Noël.

L'Église de Norvège autorise depuis longtemps l'ordination de prêtres femmes. Outre la naissance de Nora, 2017 a aussi été une année historique car elle a vu officialiser le mariage de personnes de même sexe dans l'Église. Lors des dernières élections du conseil ecclésiastique de l'Église norvégienne, une liste progressiste qui avait proposé une liturgie « non genrée » pour permettre aux couples homosexuels de se marier l'a emporté sur une liste plus conservatrice.

J'ai suivi toutes ces évolutions, car Lars, un collègue homosexuel et croyant, a été très heureux de cette nouvelle. Son mariage gay a d'ailleurs été célébré par une prêtre femme. Il s'est ensuite rendu avec son conjoint aux États-Unis pour une procréation médicalement assistée. Il en est revenu avec sa petite fille, et son mari et lui ont chacun bénéficié d'environ cinq mois de congé paternité pour s'en occuper. Ces expériences confirment à mes yeux la réputation qu'ont les pays du Nord de savoir mêler tradition et modernité avec succès. Ici, l'Église protestante est inclusive.

Ma belle-famille revient de la messe avec le sourire. Dans l'entrée, chacun prend le soin d'ôter ses chaussures enneigées. « Bravo, Tristan, la table est bien dressée ! » s'exclame ma belle-mère en allumant les bougies du chandelier, tandis que Tor alimente le poêle de petites bûches. Louise semble en pleine forme trois semaines seulement après son accouchement. J'ai bénéficié de dix jours de congé de naissance qui m'ont permis de rester à ses côtés et de m'occuper d'Émile pour la laisser se reposer.

Il est 16 heures, nous commençons à dîner… et j'ai déjà hâte que le repas se termine. Les trois plats traditionnels des fêtes norvégiennes ne m'ont jamais convaincu. La *pinnekjøtt* ressemble à des côtes de mouton trop salées et trop séchées, la plupart du temps servies avec des navets sans sauce. Le *lutefisk* est un poisson trempé dans de l'eau froide pendant huit jours, puis deux à trois jours dans une saumure, puis encore deux jours en changeant au moins deux fois l'eau – ou quelque chose comme ça. Un rituel compliqué pour un poisson sans goût. Quant aux *ribbe*, il faut imaginer de la poitrine de porc dont le gras rissolé et croustillant finit par coller aux dents.

Émile et moi avons toujours formé un duo de rebelles français devant nos assiettes. Nous sommes plus intéressés par les cadeaux qui entourent l'arbre de Noël. Pour ma part, je suis avant tout intrigué par l'enveloppe de Tor. Je glisse à l'oreille d'Émile qu'en France « on ouvre les cadeaux avant le dessert », ce qu'il répète et traduit aussitôt en norvégien. Après quelques minutes de négociation, il réussit à convaincre ma belle-famille de commencer plus tôt le rituel interminable des déchirures de papiers cadeaux.

Nous nous réunissons donc autour du sapin que je regarde avec fierté, car j'ai relevé le défi de la veille qui consistait à aller scier l'arbre de Noël dans la forêt enneigée de Nesodden. Louise était restée à la maison pour allaiter Nora et j'avais accompagné Tor, ma belle-mère et mes belles-sœurs dans cette expédition. Les gardes forestiers nous avaient guidés vers les parcelles où la découpe était autorisée et chacun débattait du choix du sapin à rapporter à la maison : hauteur, odeur, couleur, robustesse des épines, sans oublier le diamètre du tronc. J'avais du mal à donner un avis. Pour moi, il s'agissait surtout d'un bon prétexte pour emmener Émile profiter du chien de traîneau dans la ferme qui jouxtait la forêt, pour accepter la proposition de Tor de boire un vin chaud autour d'un feu de camp et pour faire un selfie avec le sapin triomphalement scié.

« On avait précisé “pas de cadeau pour Nora” », dis-je en constatant, impuissant, toutes les étiquettes à son nom. Mais ma belle-famille n'a pas résisté. « On a regroupé cadeaux de Noël et de naissance ! »

Bodys, vêtements tricotés à la main, peluches et jouets pour bébé sont entassés au pied du sapin. Émile se plaît à tout déballer alors que sa petite sœur dort paisiblement. À ma grande surprise, la distinction selon le genre commence tôt, même en Norvège. La couleur dominante des présents pour Nora reste le rose, avec quelques pointes de violet. Son landau va être entouré de poupées pour fille, tandis que mon fils aura droit à des voitures et à des trains en bois.

Les cadeaux marquants de ce Noël sont une nouvelle paire de skis de fond pour ma belle-sœur, des billets pour un ballet à l'Opéra d'Oslo pour ma belle-mère, le nouveau polar de Jo Nesbø pour Louise et une luge avec un volant pour Émile. J'ai offert à Tor, qui adore faire du vélo dans les montagnes, le « tee-shirt à pois rouges » du meilleur grimpeur du Tour de France, en taille XXL. Une manière de lui rappeler que, lors de notre dernier tour de vélo ensemble, je l'ai distancé dans le col… Quand on pèse plus de cent kilos, on est plus à l'aise en descente qu'en montée…

Et pour moi, quelle offrande a préparé ma belle-famille ? Aurai-je droit à un kit de survie du papa norvégien en congé ? Si oui, de quelle couleur ? Tor rit déjà dans sa barbe à l'idée de me voir découvrir son cadeau.

Je déplie délicatement l'enveloppe et ouvre la brochure imprimée. Il y avait tout à parier que le congé paternité serait à l'honneur. Bien sûr, il fallait y penser ! Je lis à voix haute : « Bon pour cinq séances de bébé nageur » à la piscine de Tøyenbadet.

« Alors, content, Tristan ? me demande Tor en me serrant affectueusement dans ses bras.

— Très bonne idée, Père Noël Tor ! »

Nora se réveille, comme si elle se sentait concernée. Je serai bientôt en tête à tête avec elle dans le petit bassin, mais Noël reste mon plongeon annuel dans la culture norvégienne.

Le congé maternité de Louise

À la découverte du groupe de naissance

Appartement de Torbvakkgata (Oslo), 26 février 2018

En rentrant du travail ce soir-là, à peine ai-je franchi la porte de notre appartement que Louise m'accueille dans le couloir. Reposée et souriante, comme à son habitude depuis la naissance de notre fille ? Pas vraiment. J'oublie les bras ouverts en guise de bienvenue, j'ai droit aux bras tendus, au bout desquels gesticule Nora. « Tiens, c'est cadeau, elle est pour toi ! » s'exclame-t-elle, retournant dans la cuisine pour finir le repas familial.
Le cadeau a l'air fatigué, chouine, a la couche pleine.

« Merci pour l'offrande ! dis-je en fermant la porte.

— Je crois qu'il faut la changer, et ce serait bien que tu lui donnes le bain. Et à Émile aussi ! » suggère Louise, visiblement lassée par sa journée en tête à tête avec sa fille. Elle qui a jusqu'ici adoré son congé maternité semble entamer une période d'overdose.

J'essaie de réconforter Nora, mais ma barbe contre sa peau douce n'aide pas à calmer son chagrin. Comme chaque soir, je me plonge dans ses yeux, à l'affût de reflets émeraude qu'elle n'héritera malheureusement pas de sa mère. Elle a plutôt hérité du patrimoine génétique paternel : un regard marron et des sourcils assez épais pour son âge. Les gènes norvégiens semblent récessifs, les gènes français dominants. Je me console en me persuadant qu'ici son physique sera exotique, et puis, comme le répète Louise pour me rassurer : « Ne t'inquiète pas, les gros sourcils, c'est à la mode ! »

« T'as fait quoi, aujourd'hui ? demandé-je en changeant à la fois Nora et de conversation.

— T'as vu le temps ? me répond Louise. Il fait moins quinze, le sol est verglacé. Je suis restée à la maison toute la journée, j'ai enchaîné les séries américaines, et puis je suis allée chercher Émile au jardin d'enfants. »

J'imagine bien Louise dirigeant la poussette avec la main gauche, la droite tirant la luge, et les rafales de neige face à elle.

« J'ai évité les glissades en m'équipant de crampons d'escalade anti-dérapants sous mes chaussures. Mais ils sont à mon père, taille 47, pas très pratique... »

Cet hiver est particulièrement rude, et Louise a la malchance d'être assignée à résidence pendant son congé maternité. Le moment n'est donc pas idéal pour partager les soucis liés à mon nouveau rôle de manager. Je dois finir une présentation importante pour le lendemain matin, mais je ne vais pas l'embêter avec mon plan marketing sur le lancement de la nouvelle machine à café qui permettra de boire des tasses allongées comme les Norvégiens les adorent. Je suis légèrement débordé par ma nouvelle routine rythmée par l'enchaînement de réunions et je suis contraint, chaque soir ou presque, d'ouvrir l'ordinateur après dîner.

Absorbé par mon nouveau rôle, je me rends compte que je n'ai pas vraiment épaulé Louise pendant ses deux premiers mois. Elle ne s'en est jamais plainte, est restée toujours souriante et de bonne humeur, elle a l'air de bien gérer. Mais ce soir, elle paraît plus fatiguée que moi.

« Tu n'as pas vu les copines de ton groupe de naissance ?

— À cause du temps, on a annulé notre rendez-vous. De toute façon, on ne parle que des bébés. Au début, c'était sympa, cela m'a fait rencontrer pas mal de nouvelles personnes. Mais les conversations tournent en rond depuis quelque temps... »

Louise basculerait-elle du côté obscur de son congé maternité ? Elle ne montre plus trop d'enthousiasme au sujet de son groupe de naissance (*barselgruppe*). Il s'agit pourtant d'un concept norvégien très utile, que nous a expliqué Bente, notre infirmière attitrée. Cette dernière nous a rendu visite deux semaines après la naissance de Nora pour nous présenter le calendrier de suivi, noter les rendez-vous et surtout donner à Louise le contact des mères qui composeront son groupe de naissance. Elle l'a ainsi mise en relation avec les femmes de notre quartier qui ont accouché à la même période, de façon qu'elles puissent se retrouver, discuter, partager leurs expériences d'après la naissance. Ce groupe, généralement composé de cinq à huit femmes, est culturel en Norvège. Il constitue un outil idéal contre les risques d'isolement, d'ennui et pour éviter les dépressions post-partum.

Le succès des groupes de naissance est visible dans mon quartier. Les mères prennent d'assaut les cafés branchés pour s'y retrouver. Entourées d'imposantes poussettes, elles occupent tout l'espace, énervant parfois les autres clients qui souffrent en silence et essaient tant bien que mal de ne pas écouter leurs discussions couches-culottes. Elles y ont gagné un surnom officiel : les « mafias poussettes ». Bientôt, je serai moi aussi parrain agaçant, car il arrive que les pères prennent le relais des mères dans ces groupes.

Louise, qui a adoré ces sorties au café, est donc en train de déchanter. Cette crise passagère n'a cependant rien enlevé à son efficacité norvégienne dont je reste admiratif. Elle me rejoint dans la salle de bains.

« J'ai tout préparé, rangé, étendu le linge et le dîner est prêt. Comme je te l'ai dit hier, ce soir, je sors et je te laisse les enfants. J'allaite Nora, puis je pars prendre un verre avec mes copines. Si elle pleure, j'ai tiré du lait. Le biberon est dans le réfrigérateur. »

Louise assure vraiment et place la barre de l'organisation bien trop haut pour mon futur congé paternité. Je n'atteindrai jamais ce niveau, j'espère juste qu'elle en est consciente.

« Tu sors ce soir ? » demandé-je. Je n'avais pas retenu l'information.

« Oui, pourquoi ?

— Parce que j'ai une présentation importante à terminer sur le lancement de ma nouvelle mach...

— Tu feras ça quand les enfants dormiront », m'interrompt Louise.

Nous passons à table. Émile en profite pour poser sa question favorite :

« Après dîner, on peut jouer aux cartes, ce soir, papa, s'il te plaît ? Tu peux me lire Albert Åberg ?

— Ça tombe mal Émile, j'ai du boulot.

— C'est quoi, du boulot ? » me demande-t-il sans obtenir de réponse de ma part.

Louise, pressée de rejoindre ses amies, mange en deux minutes et se laisse tenter par un carré de chocolat noir pour le dessert.

« Ça fait combien de carrés de chocolat aujourd'hui ? » lui dis-je pour plaisanter. Erreur. Grosse erreur. Grossière erreur même. Point sensible, on ne blague pas avec le poids d'une mère après son accouchement, même si Louise fait partie de ces femmes à la silhouette élancée si agaçante qui perdent presque tout en deux mois.

Je n'ai pas le temps de m'excuser, elle enchaîne les uppercuts face à cette attaque mal placée : « Alors, je compte sur toi pour faire la vaisselle, coucher tes deux enfants, et aussi, si tu peux enfin noter dans ton agenda d'aller à l'ambassade de France pour faire la pièce d'identité de ta fille, réparer la lumière de la hotte comme tu t'es engagé à le faire il y a six mois et récupérer le tapis d'éveil que tu avais prêté à un ami. Bon courage pour ta présentation demain, et n'oublie pas de descendre les poubelles aussi, elles sont pleines de boîtes de chocolats », conclut-elle d'un baiser ironique en quittant la maison.

Louise m'a mis K.O. en une réplique et je suis seul ce soir sur le ring. L'entraînement grandeur nature avant le congé paternité commence. Je dois encore bercer Nora pour l'aider à trouver le sommeil. Quant à Émile, je m'autorise une demi-heure de mauvaise éducation pour avancer sur ma présentation.

« Tu as été sage, tu vas pouvoir jouer à la Nintendo », dis-je à mon fils. Je sors ma vieille console des années 1990 qui a légèrement pris la poussière, j'allume le téléviseur et lui branche *Super Mario Bros 1* en lui expliquant l'usage des deux boutons de la manette multidirectionnelle : A pour sauter, B pour courir. « Amuse-toi. Une petite demi-heure, mais pas plus !

— Merci, papa, tu es le meilleur ! » répond Émile avec un grand sourire.

Nora s'endort dans mes bras et je la pose victorieusement dans son lit. Émile saute sur les champignons qui défilent sur la télévision et j'ouvre ainsi l'ordinateur pour achever mon plan marketing au sujet duquel Susan, ma cheffe, a « de fortes attentes ». Je laisse filer une heure avant de montrer à Émile le passage secret du niveau 2 puis d'éteindre la console, de lui brosser les dents et de le mettre au lit.

« Je pourrais jouer à la Nintendo demain ?

— Non », dis-je en me rendant compte qu'en réglant un problème sur le court terme j'en ai créé un autre.

Je continue à travailler pendant deux heures et termine la journée fatigué mais satisfait. Je me laisse aussi tenter par une partie de Nintendo avant de me coucher. Cette vieille console pourra se révéler utile pendant mon congé paternité ! Moi aussi, j'aurai droit à ma période de régression. Un congé paternité sans Super Mario, ce serait comme un congé maternité sans carré de chocolat !

Le passage de témoin

La découverte féminine du lâcher-prise

Appartement de Torbvakkgata, 18 mai 2018

Louise s'impatiente et hausse le ton. Mon regard dans le vide lui fait lever les yeux au ciel : « Tu m'écoutes quand je te parle ? » m'interroge-t-elle, exaspérée. Elle reprend le travail demain, après cinq mois d'absence. Il m'arrive souvent de rêvasser en période d'incertitude et de stress. J'imagine mon futur quotidien avec ma fille, je projette des moments de complicité mais surtout de galère, de partages conviviaux entre amis mais surtout de longs monologues ennuyeux. Bref, je m'interroge à voix basse sur cette décision : quand même, cinq mois, qu'est-ce qui m'a pris ? J'oublie quelque peu la réalité qui m'entoure. Et la réalité, c'est le brief de Louise et son irritation devant mon manque d'attention. Elle doit se demander si je fuis mes responsabilités. Je mets donc provisoirement mes hésitations de côté, me ressaisis et me reconnecte avec elle du regard. Je tente en un clin d'œil de reprendre le fil de cette discussion importante, je lui explique ne pas ignorer l'importance de la mission qui m'attend et tenir, moi aussi, à ma fille comme à la prunelle de mes yeux.

Je montre ma bonne volonté. Je saisis une feuille et un stylo pour récapituler les points clés de son brief à moitié écouté. Je répète à voix haute sous son contrôle et avec une dose d'improvisation : « Trois biberons par jour, deux siestes de deux à trois heures, quatre gouttelettes de vitamine B le matin... »

— Vitamine D.

— C'est ce que j'ai dit, non ?

— Non, tu as dit vitamine B. »

Je crois que Louise est légèrement à fleur de peau et qu'il serait malvenu qu'une goutte de vitamine fasse déborder le vase du couple. Nous n'avons qu'un petit flacon posé à côté de la table à langer et peu importe la lettre, je ne me tromperai pas.

« Le plan A, c'est la vitamine D et il n'y a pas de plan B.

— On peut être sérieux deux minutes ? » s'agace Louise.

Elle sait très bien que je déteste les conversations qui s'éternisent au sujet des enfants. Seuls quelques points clés d'organisation me suffisent. Je me suis déjà occupé de Nora et d'Émile des dizaines de fois. Je tente de dédramatiser l'enjeu : « Mais, de toute façon, s'il y a un souci, je t'appelle ! »

Étant donné la réaction de Louise, ma tentative de dépassionner le débat est un échec : « Non, tu ne peux pas m'appeler, je travaille, je suis devant ma classe et je ne peux pas te répondre. »

Je vais devoir adapter ma stratégie. Louise dit juste. Elle s'apprête à reprendre son métier de professeure en histoire, allemand et religion, au collège de Hovseter, situé dans l'ouest d'Oslo. Elle enseigne trois matières. En Norvège, il est rare qu'un professeur n'ait qu'une seule discipline. La clé d'entrée est le diplôme de pédagogie, les spécialités viennent par la suite. Les élèves ont potentiellement le même professeur pour l'anglais et les maths, le sport et le norvégien. Louise arrive, en plus de ses trois matières, à m'enseigner l'éducation du bébé. Il me manquerait plus qu'elle me donne une note !

Depuis quelques jours, je la vois tiraillée entre l'envie de revoir ses collègues et la frustration de lâcher son quotidien avec sa fille. La perspective du retour au travail la motive, mais, quand elle pense aux mauvais côtés, elle resterait volontiers plus longtemps à la maison. En France, pour sa première grossesse, elle se sentait plutôt seule, souvent isolée et elle n'avait pas apprécié son congé maternité. Elle a mieux vécu sa deuxième grossesse dans son pays d'origine et elle aurait bien pris un congé plus long quitte à raccourcir ma période. Et, à mon avis, elle n'a pas hâte de retrouver les rendez-vous avec les parents d'élèves, très protecteurs pour leurs enfants. Ils sont surnommés « parents curling », car ils frottent avec un balai toute poussière se présentant devant leur progéniture de manière à leur préparer un chemin glissant vers la gloire. Ainsi, dès la moindre contrariété, une mauvaise note ou un blâme adressé à un élève, Louise peut recevoir un e-mail ou un coup de fil des parents critiquant sa manière de faire. Agacée, elle en vient parfois à regretter son expérience de professeure d'allemand dans son lycée Charles-de-Foucauld, à Paris, porte de la Chapelle, où, selon elle, « on respectait plus les professeurs ». Ah ! quand même, la France a des atouts !

Je n'oublie pas que Louise a besoin d'être rassurée. Elle a sans doute raison, ce moment est important. Le congé parental en Norvège est le plus souvent une course de relais mixte composée de la mère et du père. Sur le papier, la première est plus professionnelle que le second, plus amateur ou en voie d'apprentissage. La période de passage de témoin conditionne la réussite de l'épreuve. Contrairement à l'approche française, où le court congé paternité a lieu en même temps que le congé maternité, ici, les longs congés s'enchaînent. D'abord, la mère s'arrête, puis le père prend le relais. Je m'aperçois que c'est un élément clé du changement de la société puisqu'il fait évoluer l'homme du statut de copilote à pilote, de porteur de bouteille d'eau à coureur. Louise a commencé l'épreuve il y a cinq mois et elle me tend ainsi le bâton du relais, non pas pour me faire battre, mais pour que je le chérisse à mon tour. Je ne le ferai pas tomber, c'est promis, je tiendrai sur la longueur et ferai preuve d'endurance.

Nora en sortira indemne même si quelques haies se présentent sur le chemin. Je franchirai la ligne d'arrivée sans me défiler. Je ne peux pas tricher, comme certains pères norvégiens qui se rendent secrètement chez leurs parents à la retraite pour demander de l'aide. Mais qui sait, Tor, mon beau-père, pourrait m'être utile ? En attendant, je pose des questions pour montrer mon engagement et j'écoute avec assiduité les conseils de ma coache.

Je pose des questions intelligentes : « Pour le lait en poudre, tu donnes quelle quantité le matin ? »

Louise répond : « Cent quatre-vingts millilitres. »

Je note et enchaîne : « Quarante-cinq secondes dans le micro-ondes ?

— Oui.

— Il faudrait passer au lait infantile catégorie 2, Louise, Nora va avoir six mois. »

Louise semble bluffée par cette proposition venue d'ailleurs.

« T'as raison, je n'y avais pas pensé ! »

Je me mets à la place de Louise et je comprends que c'est une période délicate. Elle s'est dévouée pour Nora de manière remarquable la journée et s'est levée pendant la nuit pour allaiter sans jamais se plaindre. Elle va me laisser les clés de l'organisation domestique et doit secrètement prier pour que je ne les égare pas. Le problème, c'est que j'en ai la fâcheuse habitude. Je crois qu'elle a vraiment besoin de signaux de ma part la rassurant. Elle me sait capable de m'en occuper, mais elle a besoin que je le lui montre. Écrire sur un bloc-notes les choses à ne pas oublier se révèle être une technique judicieuse pour chacun de nous.

Louise me remercie de mon attention. Revigorée par la perspective de retrouver son job d'enseignante, elle adopte un ton professoral et continue sa dictée : « Couches taille 3, pommade au liniment en cas de rougeur… » En élève appliqué, je continue à inscrire sur mon calepin les conseils donnés.

« Au fait, interrompt-elle, tu as lu le site Internet que je t'avais envoyé ?

— Oui, c'était très instructif, d'ailleurs ! »

Louise, adorable, m'a transmis le lien d'un site où les pères norvégiens échangent les problèmes liés au congé paternité. Comment gérer les difficultés du quotidien ? Comment éviter le risque de solitude ? Encore un élément de la culture norvégienne qui me surprend : les pères y parlent librement de leurs incertitudes, comme on peut traditionnellement le faire sur des blogs féminins en France. Certains y demandent des conseils : « Comment prendre sa douche avec un bébé de six mois ? », « Où poser son bébé pour aller aux toilettes ? » Je me sens loin de ces discussions de pères en difficulté, même si je respecte totalement le fait que certains trouvent cela utile et bien que je sois concerné par toutes les situations décrites. J'avoue avoir parcouru les « Dix conseils avant de commencer un congé paternité » :

1. Ne te fixe pas d'objectifs trop élevés et ne prévois pas de grands projets à part t'occuper de ton enfant.
2. Sors pour voir d'autres parents. Les jardins d'enfants ouverts d'Oslo sont des endroits parfaits pour faire sociabiliser parents et enfants.
3. Parle ouvertement de ce que tu ressens, même si tu trouves cela ridicule et difficile. Oui, on sait, les hommes ont du mal à partager leurs émotions…

4. Aie confiance en toi : les mères ne savent pas toujours ce qui est mieux pour l'enfant !
5. La routine est importante, mais n'aie pas peur de l'échec. Décompresse et profite du temps avec ton enfant.
6. C'est si facile de se comparer aux autres ! Nous, les hommes, avons tendance à nous penser plus forts que ce que nous sommes. N'oublie pas que tes problèmes du quotidien sont identiques à ceux d'autres pères.
7. Être présent en tant que père durant les premiers mois de l'enfant te donnera de l'assurance dans ton rôle de parent tout le reste de ta vie.
8. Cette relation avec ton enfant fait de toi un meilleur père, mais aussi un meilleur partenaire, ami, leader ou employé.
9. Reste dans la communication avec ta conjointe, partage tes échecs avec elle.
10. Donne tes bons conseils à d'autres pères, partage tes réussites.

Quand Louise en arrive à l'interrogation, en me demandant après son cours magistral si j'ai retenu la quantité de purée à donner, je réponds amicalement par le conseil numéro quatre.

Mes efforts ont rassuré Louise. Elle me répète : « Dis-moi ce que je veux entendre et cela ira bien ! » avant d'enchaîner : « Mais oui, t'es super fort, je sais que tu vas y arriver ! »

Je la suspecte d'avoir lu un blog féminin de conseils pour briefer son mari pendant la passation de bébé, où figure la recommandation d'un psychanalyste spécialiste stipulant : « Un homme a besoin de se sentir valorisé et fort. Mettez-le en confiance. »

J'interromps Louise lorsqu'elle entame la partie « comment habiller Nora la journée ». Je lui rappelle qu'elle a vécu son congé maternité en hiver et que la saison de la laine de mouton est derrière nous. Un congé maternité dans le froid norvégien peut avoir un côté déprimant. Pour chaque sortie, il faut s'imaginer devoir faire face à la conspiration des éléments contre soi. Une neige agaçante qui complote avec un vent sournois, tous deux usant de vilains stratagèmes pour s'infiltrer là où les manteaux le permettent. Un flocon de neige, aidé par de malicieuses rafales, a une fâcheuse tendance à s'immiscer derrière les lunettes, puis, confortablement installé, à s'agripper, à refuser de fondre et à laisser son empreinte pour mieux provoquer. C'est une théorie du complot désagréable à laquelle j'échapperai...

Louise a été contrainte de limiter ses sorties pendant son congé maternité. Les températures frôlant les moins quinze degrés ont contrarié ses plans. En Norvège, on préfère parler de « degrés chauds » ou « froids ». Donc Louise est restée à domicile avec Nora quand le thermomètre indiquait « quinze degrés froids ». Parler de « degrés froids » évite de sombrer dans le négativisme en continu. Il faut croire que cela a un impact positif : la dépression a diminué en Norvège et le taux de suicide, historiquement plus fort ici, est passé en dessous de celui de la France.

Parmi les habitudes hivernales de Louise avec Nora, celle qui m'a toujours gêné a été de la faire dormir dehors dans sa poussette, même par dix degrés froids. Nora était certes emmitouflée dans sa peau de bête, mais quand même, quelle idée ! Les professionnels de la petite enfance le recommandent, et force est de constater que Nora dormait mieux dehors la journée que dedans la nuit...

D'ailleurs, elle se réveille de sa sieste. Il faut la changer.

« Tiens, Tristan, c'est ton tour ! Entraîne-toi un peu avant tes cinq mois ! rigole Louise.

— Fais gaffe, elle va finir par me préférer !

— Si seulement ! »

Louise ne m'a pas encore fait porter la charge mentale que je vais lui apprendre le lâcher-prise.

Vingt-trois hommes et vingt-quatre bébés

La journée du papa, vecteur de socialisation

Crèche ouverte de Grünerløkka, 1er juin 2018

Lors de la dernière visite médicale de Nora, l'infirmière, après m'avoir confirmé que ma fille était en bonne santé, m'avait tendu un prospectus. En dessous du titre, « La journée du papa », était dessiné Albert Åberg, cet enfant d'un conte scandinave qui vit seul avec son père. « Vous devriez vous y rendre, m'avait-elle dit. C'est réservé aux pères en congé paternité. Vous allez rencontrer tous les papas de votre quartier qui partagent le même quotidien que vous ! On libère la crèche ouverte de Grünerløkka, et on interdit l'accès aux mères ! »
Le tract mentionnait bien « de 11 heures à 13 heures », et je commets l'erreur d'arriver à 11 heures 30. Oubliant un instant la ponctualité scandinave, j'ai privilégié la « demi-heure » de politesse à la française. Je dois confesser un problème logistique. Erreur de débutant, j'ai mal anticipé le sommeil de ma fille et sa sieste matinale s'est légèrement prolongée. Pour la première fois, Louise n'a préparé ni le sac de couches, ni la nourriture, ni les affaires de rechange. Bref, il y a eu un petit décalage à l'allumage, j'espère que je n'endosse pas le statut du mauvais père.

En pénétrant dans la crèche, je comprends vite que c'est un nouveau monde qui m'attend, une culture éloignée de la mienne et à laquelle il va falloir m'habituer. Je vais essayer de me prendre au jeu. Je suis tout aussi fasciné que gêné par le spectacle caricatural qui s'offre à moi. Dans son porte-bébé, Nora regarde aussi la scène avec attention.

Ils sont une vingtaine de pères, assis en tailleur sur des tapis de sol, formant un cercle avec leur enfant sur les genoux. Guidés par la responsable, ils chantent une version norvégienne d'« Ainsi font, font, font les petites marionnettes ». Si quelques bébés crapahutent et ont du mal à rester sages, la plupart suivent avec intérêt les gestes de leur papa et se laissent volontiers bercer par la mélodie.

L'audience est diversifiée, je ne suis pas le seul étranger. Certains pères ne connaissent pas les paroles de la chanson. Tous, cependant, semblent prendre plaisir à cet exercice de groupe et me surprennent par leur naturel. Ils sourient, sont attentifs à leur enfant, totalement décomplexés quant à l'image qu'ils peuvent renvoyer. Sans doute la vie normale du père norvégien en congé...

La chanson se finit et la responsable – seule femme de la salle – m'invite à rejoindre le groupe tout en me rappelant d'enlever mes chaussures et de mettre un collant à ma fille. J'opine du chef pour signaler que je me plie aux règles, puis je m'installe entre deux pères qui me laissent gentiment une place.

La responsable entame une nouvelle chanson, où chacun doit se présenter ainsi que son enfant. Sur un air à quatre temps, avec une chorégraphie simple de deux battements de mains, puis deux claquements sur les cuisses, nous relevons collectivement le défi de la coordination. Dans le sens des aiguilles d'une montre, je suis le quatorzième à passer. J'ai l'impression de vivre ma première journée au collège devant un parterre d'inconnus.

Nora fait preuve d'une sagesse remarquable. Par mimétisme, elle suit les autres bébés bien élevés. Peu importe la manière dont je profite de ce moment, ma fille semble ravie par la présence d'autres enfants. Son sourire justifie ma présence ici. Chaque père chante en rythme. Lorsque mon voisin finit sa présentation, « Je m'appelle Fredrik, et mon bébé s'appelle Falk, et ensemble on va s'amuser », c'est mon tour d'entrer dans la nouvelle vie du père en congé paternité.

Je me lance, la voix presque tremblante, à chanter en norvégien. Mon accent français, qui, en temps habituel, opère un certain charme, ne présente aucun avantage aujourd'hui. « *Jeg heter Tristan, hun heter Nora, og sammen vi skal kose oss.* » (« Je m'appelle Tristan, et mon bébé s'appelle Nora, et ensemble on va s'amuser. ») Je ne croise pas les regards d'autres pères, je préfère fixer le sol et sourire à ma fille en chantant. Il se peut que j'aie rougi pendant cette chansonnette...

Heureusement, le fou rire nécessaire pour détendre l'atmosphère concentrée arrive assez vite. Lorsque Magnus, dix-huitième père à nous faire profiter de sa voix, fredonne : « Je m'appelle Magnus, et mes jumeaux s'appellent Maria et Eskil, et ensemble on va s'amuser. » Deux prénoms de bébés prononcés l'un après l'autre débordent le rythme de la chanson. Les rires résonnent dans la salle, si bien que certains bébés se mettent à pleurer.

Un père s'adresse à Magnus : « Franchement, respect, je galère avec un et toi, avec deux, tu as l'air de mieux gérer que moi ! » Je suis surpris de voir qu'un homme confesse aussi librement ses difficultés. Finalement, ils ne sont pas tous si parfaits ? Je trouve aussi remarquable qu'il partage son admiration pour Magnus. C'est vrai qu'il est impressionnant. Il doit mesurer presque deux mètres ; il a installé un enfant sur chacun de ses genoux et parvient à les faire jouer à cheval gendarme, l'un au galop, l'autre au trot. Nous sommes tous au pas en l'observant.

La responsable se présente : « Bonjour, Tristan, je m'appelle Gul et je travaille ici. » Elle semble réjouie ; la salle est en effet pleine de pères, plus qu'elle n'en a jamais vu. « Voilà maintenant deux ans que j'organise les journées du papa dans notre quartier, et l'affluence augmente chaque mois », dit-elle.

Ce succès dépasse toutes ses attentes. « Je vais devoir trouver un endroit plus grand », plaisante-t-elle. Entourée de vingt-trois hommes et vingt-quatre bébés, on peut dire qu'elle a accompli sa mission : celle d'inclure les pères dans l'éducation des bébés. Gul peut être fière et je crois deviner qu'elle est également émue.

Elle s'apprête à lancer la suite du programme mais se fait interrompre par une mère qui ignore que la journée est réservée aux papas. Elle comprend qu'elle n'est pas à sa place en passant en revue tous les hommes dans la salle. En souriant, elle s'exclame : « Journée du papa ? Bon, je vous laisse, amusez-vous bien ! »

« Tu crois qu'elle a eu peur ? » me demande un père en riant.

Je souris et observe Nora, qui est restée sagement dans mes bras.

Gul divise le groupe en deux : durant la prochaine demi-heure, la moitié des pères donnera à manger aux enfants dans la cuisine, tandis que l'autre restera dans la salle de jeux. Elle nous fait une confidence : elle a doublé le nombre de pères participant à cette journée à partir du moment où elle a écrit sur le tract : « Nous offrons le café et des sandwichs. »

Étant arrivé en retard et ne souhaitant pas donner l'image d'un Français mal élevé, j'évite de me jeter sur la nourriture. Je reste dans la salle et écoute les conseils pédagogiques de Gul pour éveiller son enfant. Une autre femme nous rejoint, elle est spécialiste de la motricité. Elle nous aide à créer des mini-parcours du combattant pour faire ramper les bébés et développer différents muscles.

Cette approche pédagogique à un si jeune âge ne m'intéresse pas trop. De toute façon, Nora ne rampe pas encore. Elle montre déjà son indépendance et son caractère rebelle. Ignorant le parcours élaboré par la spécialiste, elle tente de se déplacer dans la direction opposée pour saisir un objet qui la fascine. Je ne sais pas trop vers qui me diriger et c'est donc en suivant les quelques centimètres parcourus par ma fille que je suis conduit à un père à la moustache blonde.

« Bonjour, me dit-il souriant. Moi, c'est Mikkel et mon petit s'appelle Emil.

— Bonjour, moi, c'est Tristan et elle, c'est Nora.

— C'est ton premier enfant ?

— Non, j'ai déjà un Émile également, qui a quatre ans.

— Moi c'est mon premier, mais j'ai déjà un chien. »

J'hésite : dois-je tirer la conversation sur le terrain de l'animal de compagnie, de la couche-culotte ou enchaîner plutôt sur son métier et ses hobbies ? Mais Mikkel est très bavard, il me pose des questions sur la France et me parle de ses voyages à Paris et à Nice. Il évoque ensuite sa passion pour la pêche et me propose une sortie ensemble.

« Avec les bébés ?

— Ben oui ! » répond-il.

Je ne sais pas si une amitié pourra naître de cette première rencontre, mais je suis heureux de sociabiliser si vite au début de mon congé. Mikkel m'explique qu'il est mécanicien et travaille souvent de nuit. Son métier consiste à assurer la maintenance et la réparation des trains express qui joignent l'aéroport d'Oslo à la gare centrale. En cette journée du papa, nous sommes dans le même wagon. Et, en prenant son numéro, je lance ce congé paternité sur de bons rails.

Les dix minutes avant que ma femme rentre du boulot

La découverte masculine de la charge mentale

Appartement de Torbvakkgata, 3 juin 2018

« Ceci n'est pas un appartement », dirait Magritte. Il aurait raison. À force de flânerie tel *Le Déjeuner sur l'herbe,* j'ai été aussi productif qu'une nature morte. Le désordre s'est installé progressivement et je finis la journée dans un chaos artistique.

Avec les jouets, les animaux et diverses formes cubiques éparpillés partout, le salon est un hommage à *Guernica*. Les couverts et les petits pots laissés à l'abandon ne sont pas sans rappeler les cercles et les lignes asymétriques de Kandinsky. Au milieu des peluches, la poupée à l'oreille coupée – que Nora a arrachée en deux dents trois mouvements – semble être un hommage à Van Gogh. Ma salle de bains ressemble aux grandes vagues des tableaux de Turner. Ma maison est la galerie nationale d'Oslo et, quand je reçois le SMS de ma femme « J'arrive dans dix minutes, besoin de quelque chose ? » je suis *Le Cri* d'Edvard Munch.

J'avais d'abord envie de répondre : « Besoin d'une heure en fait. »

Ma femme étant de l'école pointilliste (comprenez « tendance maniaque sur la propreté »), alors que moi, j'adore l'abstrait (comprenez « du désordre naît la créativité »), j'hésite presque à jeter l'éponge du rangement, à descendre acheter des fleurs pour me faire pardonner et à lui annoncer : « Bouquets de tournesols sur table. » Ça fait poétique et elle aurait compris ce que ça veut dire. Mais j'ai trop usé de ces techniques de petits cadeaux pendant mes premières semaines de congé paternité, ça coûte cher et il n'y a plus de place pour les fleurs dans l'appartement.

J'ai donc dix minutes pour ranger l'exposition. Je serais bien resté calme, genre *La Joconde* sourire en coin, mais en faisant un tour dans la salle de bains, je retrouve le Post-it® laissé par Louise ce matin : « N'oublie pas de lancer et d'étendre la lessive. » Elle a bien précisé « et d'étendre ».

C'est un coup de couteau dans le dos, *La Mort de Marat*, assassiné dans sa baignoire. Je croise alors le regard de Nora qui travaille. Quand un bébé travaille, cela signifie qu'il repeint sa couche en noir. Monochrome de Darkman. Je cherche un Rembrandt dans la pièce, le seul qui sache donner la lumière dans un moment d'obscurité.

Si je devais peindre l'autoportrait du père en congé paternité, je commencerais par une barbe. Je la friserais légèrement pour évoquer le désordre. J'y ajouterais des touches de couleur, en hommage aux compotes multifruits. Puis je dessinerais une main de bébé qui s'y accroche avec un sourire innocent trahissant son plaisir à le voir souffrir. Je froncerais légèrement les sourcils du père. Son air désespéré chercherait un regard compatissant. Le spectateur comprendrait qu'il regrette l'improvisation et qu'il le jure, le promet : pour les cinq prochains mois, il fera autrement. Je nommerais la toile *Déclic organisationnel*.

Je commence par gagner du temps. J'envoie à Louise un SMS légèrement mensonger comme *Le Joueur de fifre* de Manet l'aurait écrit : « Tout va bien ! J'ai préparé un bon repas. Peux-tu passer acheter du pain et une bouteille de vin ? »

Comme la Norvège autorise la vente d'alcool uniquement dans des magasins d'État, elle va devoir faire un détour, ce qui m'octroie au moins vingt-cinq minutes de rab.

« OK, mais je crois que le magasin est fermé », répond-elle.

« Essaie quand même ! » Le coup de pinceau est parti tout seul.

Après avoir changé ma fille en deux minutes, je choisis le mode express du lave-linge, le plus utile de tous – pourquoi tant de programmes ?

J'avoue, je galère beaucoup en ce début de congé paternité. J'oublie de ranger derrière moi et je manque de méthode et d'organisation. Je développe néanmoins une qualité jusqu'ici réservée aux femmes : le don d'ubiquité. Alors que ma main gauche range le désordre laissé par ma petite artiste en herbe, la droite nettoie la salle de bains. Puis je dépose ma fille dans son parc et je cours dans la pièce la plus stratégique : la cuisine.

De ma courte expérience, j'ai vite compris qu'il fallait tout miser sur une cuisine propre avec le dîner prêt à être servi ou tout du moins en cours de préparation. La technique de donner le bain en disant : « Elle a tellement aimé que je n'ai pas vu le temps passer », ça ne marche pas du tout, j'ai testé. Pendant son congé maternité, Louise a toujours préparé un repas pour mon retour. Je me suis fixé un objectif : même si mes plats ne seront jamais des œuvres d'art, je dois réaliser de quoi casser de bonnes croûtes.

Je parviens à ranger la cuisine avec une touche d'art moderne. Warhol n'a-t-il pas exposé des boîtes de conserve ? Coup d'éponge, vaisselle et dressage de la table. Surtout, je lance le plat stratégique de l'homme norvégien en congé paternité : le *salmalaks*. Il s'agit d'un saumon cru, frais, pêché et mis en rayon en quelques jours, sans avoir été congelé. À déguster avec une petite sauce au soja, du riz blanc que je fais cuire et des courgettes qui rissolent. *Le Festin des dieux* simplifié nous attend.

Au moment d'étendre les derniers bodys de ma fille, j'entends les clés dans la serrure. « Ça sent super bon, dis donc ! Et ça a l'air bien rangé », s'exclame Louise. L'illusion d'optique a fonctionné. Mission accomplie ! Le peintre commence à prendre confiance en lui.

Le Baiser de Klimt est mérité.

Quatre papas français pleins d'avenir

Se constituer un groupe de naissance

Rivière d'Akerselva, 8 juin 2018

Le rendez-vous à la pêche a dû être reporté, le petit de Mikkel est malade. Les premières semaines de mon congé paternité me font rapidement comprendre que l'annulation de dernière minute sera un grand classique mais que, grâce aux cinq mois dont je dispose, nous trouverons un nouveau créneau sans souci. Ce nouveau rapport au temps est un luxe et un piège. Un luxe d'être rémunéré à 100 % de son salaire pour s'occuper de sa fille. Un piège de tourner en rond et de tomber dans l'ennui du quotidien à force de repousser les sorties. Je me suis vite fixé des objectifs pendant ce congé : un jour, une activité. Il le faut pour le bien de ma fille et le mien.

J'ai envie d'utiliser cette période pour nouer des liens avec la communauté française d'Oslo, que j'ai fuie jusqu'à maintenant – on ne déménage pas dans un autre pays pour retrouver le sien. Dans ma situation actuelle, il m'apparaît légitime de profiter de ce bout de France en Norvège et de sourire avec d'autres pères de ce que nous sommes devenus.

Je m'inscris au groupe Facebook « Les Français qui vivent en Norvège » qui compte trois mille membres, tablant sur l'hypothèse que certains d'entre eux se trouvent dans ma situation. J'écris un timide post : « Bonjour, je suis en congé paternité à Grünerløkka, y a-t-il des pères qui souhaitent sortir ensemble ? »

Mon message fait mouche et, en quelques heures, je parviens à me mettre en relation avec trois pères français à Oslo. Je lance l'idée de constituer un groupe de naissance, par respect pour la coutume locale. Je pense nous baptiser « Les super papas », mais le nom sonne caricatural. « Les quatre fantastiques » ? Pas mal, mais cela reste à prouver. Ou alors « Les mousquetaires modernes » ? Un congé paternité pour tous, tous pour un congé paternité ! Ce sera une aventure pleine de cavalcades, d'entraide et de surprises, un combat au quotidien que nous affronterons groupés. Et puis nous allons faire honneur à la France dans le pays numéro un de l'égalité homme-femme. Je décide finalement de nous baptiser « Les barbes à papa », en hommage à tous ces pères vikings qui portent la barbe comme dernier signe de virilité et qui sont devenus des mères comme les autres.

Les barbes à papa ont tous répondu favorablement à l'invitation. Nous nous donnons rendez-vous pour une petite promenade bucolique en poussette le long de la rivière d'Akerselva, dans le but de planifier quelques activités.

Dans mon groupe figure tout d'abord Alexandre, qui vient de Chambéry, lui aussi marié avec une Norvégienne. Il a trois filles. Pour la première, il n'avait pas pu prendre de congé, car il n'avait pas cotisé assez longtemps (il faut avoir travaillé six mois pour en bénéficier). Pour sa deuxième, son père lui a dit : « C'est bien, ta nouvelle vie en Norvège, mais cette histoire de congé paternité, on est d'accord, ce n'est pas pour toi ? » Le saut culturel semblait trop grand : « Je préfère continuer le travail, je vais bosser de la maison », a-t-il dit à son chef. Pour sa troisième, il a craqué, il a suivi la norme norvégienne. On craque toujours pour les petits derniers. Quatre mois de congé paternité. Alexandre a mis deux enfants à devenir Norvégien. Et là, en revendant sa voiture diesel pour la toute nouvelle voiture électrique Tesla X, il a quasiment pris la nationalité. C'est clairement le plus sportif de la bande ; il habite dans les hauteurs d'Oslo, près du tremplin de saut à ski d'Holmenkollen. Il propose tout le temps des footings en poussette. Il faut dire qu'il a un équipement de compétition. Donc, pour faire plaisir à Alexandre, on s'est mis d'accord : on fera quelques footings.

Frédéric, qui vient de Vannes, est un autoentrepreneur qui essaie de percer dans son secteur. Sa fille est née quelques semaines avant la mienne. « Ce n'est pas toujours facile, tu ne peux pas lâcher le projet, le contrat, le client. Surtout en ce moment. » Ce n'est jamais le moment, d'ailleurs, non ? Fred prend deux jours de congé par semaine pendant six mois pour s'occuper de ta fille. Le système norvégien est flexible, il permet aussi de prendre des congés à mi-temps pendant plus longtemps. Frédéric, cela lui convient bien de « chiller » dans les parcs à Oslo, il a l'ordinateur pas loin au cas où le client appelle et qu'il faille lui envoyer un contrat.

Adrien, franco-norvégien, a vécu toute sa vie à Oslo et a étudié au lycée français. Le congé paternité, il sait ce que c'est. C'est son deuxième congé de quatre mois. Grand fan d'Astérix, il est tombé dans la marmite de l'égalité homme-femme quand il était petit. Pas besoin de potion magique pour être un super papa. Adrien connaît beaucoup de bons plans et il a prévu de nous inviter dans son chalet dans les fjords. Enfin, ce n'est pas son chalet, c'est celui de sa femme. Mais elle, elle bossera.

Je m'improvise leader des barbes à papa et j'ouvre l'application « Congé parental à Oslo » sur mon téléphone pour proposer des activités collectives. Mais Adrien suggère d'abord un encas à Mathallen pour en discuter. Cela permettra aussi de donner à manger aux bébés. Les toilettes sont adaptées au changement de couche – ça tombe bien, trois bébés sur quatre ont manifesté leur besoin.

Mathallen est un vaste espace assez moderne au bord de la rivière d'Akerselva. Plusieurs rangées de tables sont installées sous une halle et, autour d'elles, il y a un large choix de bars et restaurants de type « cuisine du monde ». Pour casser la croûte, nous nous dirigeons vers *Le Galopin*, qui propose des produits français aux prix élevés. La Norvège applique de fortes taxes sur les produits laitiers d'importation et certaines viandes, si bien que le camembert se vend à huit euros et ne trouve que rarement preneur chez les Français. De même, le saucisson à quinze euros attendra, même si j'avoue que, dans les périodes où la France me manque, je craque parfois. Le sandwich au canard confit que Le Galopin propose est réputé dans tout Oslo. L'admiration dont font preuve les Norvégiens pour la cuisine française dépasse parfois celle des Français eux-mêmes. Nous nous laissons tenter par le petit format du sandwich en baguette à moins de dix euros.

Installés autour d'une table, nous déjeunons. Les biberons dans la main droite avec nos bambins sur les genoux, nous pouvons enfin passer à l'étape de la planification. Il est difficile de capter l'attention de tous.

« Les gars, vous pouvez m'écouter deux minutes ? »

Je peux enfin faire part de ce que l'application conseille cette semaine : une sortie en poussette en forêt dans les hauteurs d'Oslo, organisée par l'association Den Norske Turistforegningen. Une visite groupée du musée d'art moderne en poussette avec un guide présentant l'exposition de Jeff Koons. Des cours de bébé nageur dans la piscine de Tøyenbadet. Des cours de *baby yoga* à Markveien. Un cours de cuisine pour bébé organisé par une petite ferme. Plusieurs crèches ouvertes proposent des matinées avec des jeux pour bébés. Des séances de chansons pour bébés dans l'église de Sagene.

Devant tous ces choix, difficile de se mettre d'accord. Je perds un peu patience lorsque Frédéric propose une bière pour réfléchir.

« Les gars, ça se fait de boire une bière avec des bébés ? » demande Alexandre.

Je suis d'accord avec cette objection. Quelle image de pères français donne-t-on avec une bière et des biberons à 2 heures de l'après-midi ? Adrien, le local, nous rassure. Tout le monde se laisse finalement tenter, sauf Alexandre qui est venu en voiture. La Norvège interdit la moindre goutte d'alcool au volant, pas même un demi. L'État s'attaque de front à l'alcoolisme en taxant énormément les boissons alcoolisées. Les premiers prix rivalisent avec le saucisson. Cent cinquante couronnes (quinze euros) au minimum la bouteille de vin rouge.

Les minutes défilent et les discussions sur l'actualité prennent le pas sur le programme. Je ne réussis pas à résister au débat politique ni aux commentaires de résultats sportifs. Nous oublions quelque peu l'objectif du jour et, en tant que leader autoproclamé du groupe, je peine à recentrer la discussion.

Très vite, les bébés montrent leur impatience et nous devons achever cette première réunion. Ce n'est pas un échec, juste le début d'une histoire. La promenade en forêt nous plaît. Adrien, qui en a déjà fait l'expérience, la recommande.

Mais il propose surtout de nous emmener avec nos bébés dans le chalet de sa femme. L'idée fait l'unanimité et nécessitera sans doute l'autorisation des mères. Je me réserve une place dans la voiture électrique d'Alexandre pour l'aller. Il a une Tesla dont les portes s'ouvrent en hauteur comme l'engin de Marty McFly dans *Retour vers le Futur*. Ça tombe bien, on est quatre papas pleins d'avenir.

Échec et mat

Les galères du quotidien (1/2)

Appartement de Torbvakkgata, 10 juin 2018

Le réveil sonne à 5 heures 50 et je suis déjà échec et mat. Après une nuit blanche, j'ai perdu avec les noirs. Nora s'est réveillée toutes les deux heures et Émile se lève avec de la fièvre. S'occuper d'enfants en temps habituel est déjà fatigant, mais quand la maladie s'invite, la partie est perdue d'avance.

Mon plan d'attaque de la journée est renversé. J'avais prévu une ouverture espagnole avec sortie à la plage, rencontre avec des copains et balade en ville. Je dois me rendre à l'évidence et adopter la défense sicilienne : Doliprane® et repos en famille à la maison. Je purge la double peine des enfants malades : souffrir en silence et en solitude. Me voilà mis en quarantaine, pour ne pas contaminer le reste d'Oslo. Le roi va roquer pour rester sagement en retrait.

L'entame de partie est d'autant plus difficile que la dame quitte l'échiquier. Louise, la pièce forte de la maison, se rend comme chaque jour au travail. Elle a arrêté d'allaiter, donc elle part même plus tôt qu'avant, me laissant seul avec mes deux pions.

« Tu t'en vas déjà ? Tu ne veux pas rester un peu plus longtemps ? Tu peux rentrer plus tôt, s'il te plaît ? » Série de questions d'un roi au désespoir, prêt à n'importe quel sacrifice pour ne pas perdre la partie.

Louise répond à mon appel à l'aide : « Je sais ce que c'est, je rentre au plus vite pour t'aider. »

J'apprécie son empathie. Je comprends mieux les enjeux de ce que traversent les femmes en congé maternité au fur et à mesure que mon congé paternité avance. À chaque fois que Louise me demandait du soutien, lorsqu'elle restait avec Nora, je lui répondais positivement, mais avec une arrière-pensée : « Elle abuse, elle est quand même en congé toute la journée et elle peut se reposer. » C'est épuisant de s'occuper des enfants en continu, une usure s'installe dès le début et s'enracine. Cela requiert une attention constante, on est sans cesse tenaillé par la peur de mal faire et le sentiment d'échec quand on ne trouve pas la solution.

Pour mon prochain coup, je suis dans une forme d'impasse. Le chaos s'installe sur toutes les cases. Nora et Émile boudent leur petit déjeuner. Ils n'ont pas d'appétit, ne veulent pas quitter mes bras, ont le nez qui coule constamment, souhaitent aller aux toilettes toutes les dix minutes. Émile, qui construit une tour de Lego®, se met à pleurer lorsque sa petite sœur décide de tout casser. Elle l'imite, chacun pousse ses cris de frustration et l'appartement passe en mode *Dolby surround*. Je fais le dos rond. Une seule envie : me coucher, mais je ne peux pas abandonner.

Je me décide à sortir la trousse à pharmacie pour déboucher les narines en utilisant un aspirateur nasal pour bébé. La notice en norvégien n'est pas intuitive, je préfère vérifier ma compréhension avec un tutoriel sur YouTube du mouche-bébé évolutif. Je suis les conseils à la lettre : « Avant d'utiliser le mouche-bébé, tentez de faire éternuer votre bébé en chatouillant le bout de son nez avec un bout de tissu et nettoyez directement lorsqu'il éternuera. » La technique fonctionne pour Émile. Pour Nora, qui bouge sa tête dans tous les sens et ne veut pas rester tranquille une minute, je galère un peu plus pour glisser l'embout nourrisson dans une narine. La cinquième tentative est la bonne. Il faut ensuite faire baisser la fièvre.

Aux échecs, il y a deux écoles qui s'opposent : l'école traditionnelle, inspirée des champions russes comme Karpov et Kasparov. Et la norvégienne, plus moderne, avec son champion du monde Magnus Carlsen âgé de vingt-cinq ans seulement. Côté suppositoire pour bébé, j'ai appris que l'école traditionnelle laissait aussi place à l'école moderniste. Finie l'utilisation du suppositoire dans le sens « de la fusée », le bout effilé d'abord et l'extrémité plate pour pousser le suppositoire. Je découvre la théorie inverse : l'extrémité plate d'abord, afin que le suppositoire ne puisse pas ressortir sous la poussée de bébé. Elle a aujourd'hui la préférence d'un grand nombre de puéricultrices. Et je confirme qu'elle marche beaucoup mieux.

Place à la contre-attaque. Il faut trouver l'énergie pour vaincre la fatigue. Et le jeu, c'est la meilleure arme du papa contre l'ennui et la maladie. Quittons la salle de bains, il faut s'amuser avec ses enfants. Depuis le début de mon congé paternité, j'ai suivi les conseils d'Alexandre, un des mousquetaires de mon groupe de naissance. Il m'a toujours dit : « Tristan, tes enfants sont tes futurs amis. Apprends-leur ce que tu aimes pour passer de bons moments avec eux. Ainsi, t'occuper d'eux sera juste un plaisir. »

Il arrive fréquemment que, dans les couples, la relation père-enfants soit axée autour du jeu, alors que la mère s'occupe du reste : rangement, bain, nourriture. Nous parlons souvent de cela avec Louise. Mon congé paternité installe une autre relation. Je reste le référent ludique pour les enfants, mais Louise participe de plus en plus aux jeux de société et j'essaie de m'impliquer davantage dans les tâches domestiques.

Je fixe le programme pour sortir de l'impasse et débloquer la position défavorable : j'hésite entre jeu de cartes, dînette, voiture ou vélo avec Émile. Voix, chanson, grimace, peluche avec Nora. Finalement, j'opte pour mon jeu préféré : les échecs ! Mon fils de quatre ans face à moi et ma cadette en arbitre. Elle est suffisamment éloignée de l'échiquier pour ne pas faire tomber la tour de son frère, mais assez proche pour se laisser divertir par le mouvement des pièces. Et chaque fois qu'Émile me mange un pion, il le lui donne et elle le met dans sa bouche – mais j'ai vérifié la taille, elle ne peut pas le gober. Chacun, à son niveau, prend plaisir à ce jeu collectif. Je demande parfois à Nora où je dois placer le pion, mais ses instructions ne sont pas claires et Émile rigole.

Le luxe de passer du temps avec ses enfants, c'est aussi de les voir évoluer. « Papa, tu ne peux pas manger mon pion, je le protège », me dit Émile. Mon petit maîtrise la diagonale du fou, et maintenant, le cavalier atterrit à peu près sur la bonne case. « Si tu me manges, je te mange », prévient-il. Échec et fourchette : le jeu lui a ouvert l'appétit, sa sœur a presque été sage pendant quinze minutes. Mission accomplie. Les sourires ont triomphé de la fièvre grâce à l'alliance des Doliprane® et des cavaliers. Les noirs ont laissé gagner les blancs. Le papa en congé pat' est mat.

Mon grand-père adorait les échecs et me les a enseignés. En tant que père, je transmets à mes enfants ce qu'on m'a appris. Il me semble que c'est mon rôle. On reproduit en adaptant, on donne des armes à nos enfants pour avancer. Celles qu'on a reçues. Et ils en feront ce qu'ils voudront.

Et se rappelleront les conseils de leur arrière-grand-père. « Dans la vie, si j'avais à choisir entre être un roi, un cavalier, un fou, une tour ou un simple pion, ah ! c'est l'humble pion que j'aurais voulu être. Car le pion, s'il n'est que pion, chemine lentement, avance pas à pas, mais il ne perd jamais l'espoir de grandir. Et c'est lui qui, tout au bout du chemin, va à dame. Et gagne la partie. »

Et profite de son congé paternité.

Drapeau arc-en-ciel

Enseigner toutes les parentalités

École de Sofienberparken, 14 juin 2018

Cet après-midi de juin débute comme d'habitude par une promenade collective en poussette sous les arbres des jardins d'Oslo. Je suis accompagné par mon groupe de naissance. Nous profitons des siestes de nos bébés pour partager des conseils éducatifs et planifier les prochaines sorties de bébé nageur. En nous arrêtant dans un café, nous incarnons pleinement les fameux « latte-dads », ces pères scandinaves qui adorent boire des *latte* (cafés au lait) pendant leur congé, tandis que leur femme travaille.

Déjà 16 heures ? Il est temps d'aller chercher Émile, mon fils aîné, au jardin d'enfants. Le pic du bonheur, c'est cet instant où, alors qu'il joue avec ses camarades, je le vois lever la tête, m'apercevoir, courir vers moi et laisser éclater sa joie. « PAAAPAA ! » Quatre secondes d'enchantement pendant lesquelles on se sent aimé comme jamais avant de redevenir inintéressant pour longtemps. C'est peut-être ça, la paternité, d'ailleurs : quatre secondes de bonheur par jour.

Nous rangeons ses affaires dans le vestiaire. De son sac à dos dépasse un drapeau multicolore auquel je ne prête pas attention. J'aperçois aussi des coloriages sur son bras. Je salue Amel qui me parle de la prochaine saison du PSG.

Le chemin du retour est l'occasion de discuter de la journée.

« Alors, vous avez fait quoi aujourd'hui ?

— Ce matin, on a peint des drapeaux avec beaucoup de couleurs et fait des coloriages sur nos bras. Et cet après-midi, on est sorti avec ! Tu savais que jaune en norvégien se dit *gul* et en anglais *yellow* ? *Yellow*, ça rime avec rigolo. Ça, c'est drôle !

— Ah ouais, quand même, t'en as appris des choses pour ton âge ! »

Arrivé à notre appartement, il sort fièrement son drapeau multicolore qu'il agite tel un supporter de football. Je découvre alors qu'il s'agit du drapeau arc-en-ciel, celui de la *gay pride*. « Regarde, papa, c'est ça qu'on a fait ! » s'écrie-t-il avec un sourire contagieux.

Ah ouais, quand même ?

Je suis surpris. Pas négatif, mais tout de même, mon fils n'a que quatre ans, non ? Quelle idée de lui mettre entre les mains un drapeau dont il ne peut pas comprendre le sens ? La Norvège va-t-elle trop loin ?

Mon premier réflexe est d'ouvrir ma boîte e-mail pour regarder le programme pédagogique hebdomadaire envoyé par le personnel du jardin d'enfants. Je lis : « Semaine de l'Oslo *pride*, nous célébrons la diversité. Nous organisons un défilé avec les enfants. Nous marchons dans le quartier de Grünerløkka avec les drapeaux arc-en-ciel. »

Sur sa page Facebook, la mairie du quartier relaie l'information. « C'est l'Oslo *Pride*, les jardins d'enfants de Grünerløkka et de Kårkeslottet ont organisé une parade. Vive la tolérance, la diversité, l'égalité ! » Je lis les commentaires de ce post : « Super », « Bravo », « Hourra »... La plupart des habitants du quartier adhèrent au message. Je relève quelques commentaires négatifs cependant : « Laissez les enfants en dehors de ça ! »

Émile regarde une carte du monde accrochée sur le mur de sa chambre : « Mais il est où le pays de mon drapeau ? » En riant sous cape, je me demande si l'objectif pédagogique de la journée est atteint. Je réponds : « Ton drapeau n'est pas lié à un pays, mais dans tous les pays il y a quelqu'un avec ton drapeau. » Quel poète !?

À sa demande, je pose délicatement son œuvre arc-en-ciel sur la commode de sa chambre, entre la couronne de *Cars* et le tableau de Babar qui fait du ski. Mentalement, je baptise cette déco : « Enfance franco-norvégienne 2019 ».

Je demande à Émile : « Vous avez tous peint un drapeau ?

— Bah oui, papa ! C'est pour le défilé.

— Le défilé de quoi ?

— J'ai oublié, papa ! Je peux regarder la télé ? »

Décidément, je ne parviens pas à saisir ce qu'il a retenu de cette activité, ou même s'il peut l'exprimer. J'ai besoin d'écouter l'opinion de Louise et je me décide à l'appeler.

« Tu sais qu'ils faisaient une parade aujourd'hui ?

— Oui, je trouve ça super bien. Peut-être que notre fils ne va pas comprendre grand-chose, peut-être qu'il va comprendre quelques notions. Chaque enfant avance à son rythme. Dans sa classe, il a des camarades qui ont deux mamans, autour de lui, il y a des familles avec deux papas. Le plus tôt on ouvre aux différences, le mieux on inclut. En Norvège, la *pride* est culturelle. On ne dit pas *gay pride*, mais *pride*, car c'est une fête de toutes les libertés placée sous le signe de la joie, de la tolérance et de l'acceptation de l'autre. On a le droit d'aimer qui on veut. C'est un message très important. T'as peur de quoi ? »

C'est une bonne question, ça : j'ai peur de quoi, au fond ? Qu'on perturbe son enfance innocente ? Qu'on lui parle déjà de sexualité ? Qu'on l'incite à l'homosexualité ?

J'appelle alors Amel, qui fait partie des organisateurs du défilé : « Bien évidemment que l'on n'approche pas les questions de sexualité à cet âge-là. On ne parle ni d'hétérosexualité ni d'homosexualité, par exemple. On explique aux enfants les principes de tolérance et de diversité, qu'ils ont le droit d'être eux-mêmes, qu'il faut respecter l'autre. On parle plus concrètement de parentalité. Si la plupart des enfants ont un papa et une maman, il y en a aussi qui n'ont qu'une maman, qu'un papa, deux mamans, deux papas. À Grünerløkka, on n'est pas dans des familles traditionnelles. »

Amel m'envoie par SMS la photo d'un poster accroché dans chaque salle de classe : les différents types de famille y sont exposés. Je le remercie pour son explication que je trouve convaincante.

Je donne ensuite à manger à Nora tandis qu'Émile a droit à sa demi-heure de télévision. La chaîne publique norvégienne NRK (l'équivalent de France Télévisions) propose des programmes adaptés aux enfants avec un contenu tantôt ludique, tantôt pédagogique. Un dessin animé pour apprendre l'alphabet s'achève et une série avec de jeunes enfants de quatre à sept ans commence.

On y voit Fredrik, un papa stressé, la quarantaine, assis à une table pendant une fête familiale. Ses deux enfants blonds l'encouragent : « Allez, papa ! Allez, papa ! » Je regarde l'écran d'un œil. Pourquoi ces deux enfants crient-ils « Allez, papa » ?

Entouré de sa famille, tout transpirant, le père se lance : « Bon, c'est le moment. » Il pose alors un genou au sol, sort de sa poche une bague qu'il tend à Bjørn, un homme aux cheveux longs qui participe à la fête. « Bjørn, dit le père, veux-tu m'épouser ? » Les deux hommes s'embrassent devant les enfants de Fredrik, qui explosent de joie. Devant moi. Devant mon fils et devant la moitié des enfants norvégiens.

Exposé ainsi dès son plus jeune âge aux différentes formes de parentalité, mon fils bâtit ses propres repères. Il aura la diversité de la parentalité comme référent. Je sais que cela ne va pas le perturber. Je crois même l'inverse, ces repères représentent une force pour lui. Les personnes que cela dérange expriment souvent leur peur que cela incite à l'homosexualité. Mais nous savons bien que nos enfants auront plus tard une sexualité qui pourra être différente de la nôtre et, en tant que parents, nous souhaitons juste qu'ils la vivent dans une société bienveillante.

Si l'on considère le drapeau arc-en-ciel comme un drapeau politique, on peut critiquer le choix de le mettre dans des mains d'enfants. Si l'on considère qu'il représente des valeurs importantes à inculquer, c'est un formidable message de joie.

Au final, je suis admiratif de la société norvégienne qui, comme pour le partage équitable des congés parentaux, ose, sans tabou, combattre les stéréotypes de genre et travailler à l'inclusion des différentes formes de famille.

Quant à mon fils, six mois après sa première *pride*, il aura des réactions qui montreront une évolution. Lorsque je l'interrogerai : « Mais alors, dans ton école, tous les enfants ont un papa et une maman ? », il répondra comme si j'avais posé une question stupide : « Mais nooooon ! Dans ma classe, j'ai un copain qui a deux mamans ! »

Love is love.

Les quatre mousquetaires dans les fjords

Le congé paternité, nouveaux horizons

Fjord de Son, 20 août 2018

Pour cette cavalcade dans le fjord de Son, j'endosse la cape de d'Artagnan. Chemin de croix ou chevauchée inoubliable, l'avenir le dira. La paternité offre ses moments uniques dont il faut savoir profiter. La Norvège et ses fjords, quel cadre idéal pour une excursion collective ! Ma fougue est ma force, je suis le jeune Gascon instigateur de cette fausse bonne idée. Cadet des mousquetaires, mon enthousiasme et ma fraîcheur ont su convaincre mes aînés. Les trois autres gentilshommes répondent présents au rendez-vous matinal. Hommes de cœur, hommes d'honneur. Nous partons donc profiter de l'aventure collective avec nos filles.

Adrien, l'expérimenté, joue le rôle d'Athos. Il est le premier dans la trinité, l'hôte du séjour. Même si, officiellement, nous nous rendons dans le chalet de sa Milady, c'est lui qui nous accueille, avec nos poussettes en guise d'épées, nos lits parapluies en guise de boucliers. Adrien amène Frédéric, le Porthos de la bande, l'épicurien et le bon vivant, qui a également pensé aux vivres français : saucissons, fromages, vin rouge font partie du voyage. Nous en aurons besoin, avec modération, l'excursion dure deux jours.

Je choisis d'embarquer dans la voiture d'Alexandre. Discret et rusé, il a tout d'Aramis. Nous installons ma poussette sous le capot avant du véhicule, qui joue le rôle de coffre. Les petits détails de cet engin électrique de luxe, que je découvre, me fascinent. Nos deux trésors du voyage sont sur la banquette arrière. Nora et Olivia, sages comme deux images, pour l'instant.

Je regarde Aramis et je récapitule avant d'embarquer.

Couches de rechange : *check*. Collant en laine de rechange : *check*. Body de rechange : *check*. Paire de chaussons doudounes : *check*. Petites chaussures pointure 23 : *check*. Bonnet : *check*. Gants : *check*. Combinaison : *check*. Tapis en peau de mouton : *check*. Bavoir : *check*. Bouteille d'eau : *check*. Six cuillérées de poudre de lait dans un gobelet en plastique adapté : *check*. Cent quatre-vingts millilitres d'eau tiède mais quand même assez chaude dans un thermos : *check*. Purée de patates douces faite maison : *check*. Purée industrielle au cas où le fait-maison ne plairait pas : *check*. Compotes de pommes et poires : check. Pain tartiné aux maquereaux et à la sauce tomate : *check*. Serviettes : *check*. Tapis à langer : *check*. Crème solaire imposée par ma femme alors qu'on est en Norvège : *check*. Sac plastique pour couches usagées : *check*. Tétine principale : *check*. Tétine de rechange : *check*. Protection de poussette en cas de pluie : *check*.

« Ta femme est en stress ? me demande Alexandre durant le voyage.

— Non, elle est cool, elle a évolué. Elle est contente d'inviter ses copines à la maison pendant notre virée. Moi, je stresse un peu quand même. Imagine le titre du journal de demain : “Quatre papas français en congé paternité incapables de s'occuper de leurs bébés rebroussent chemin”...

— T'inquiète, on va gérer. C'est ma troisième fille, et pour Adrien, Fred et toi, c'est vos deuxièmes. On n'est pas novices ! »

Il est vrai que l'on a déjà plusieurs batailles à notre actif et que cette excursion n'a rien d'insurmontable.

Nous suivons sans encombre le GPS qui nous mène au comté d'Akershus, à cinquante kilomètres au sud d'Oslo. Nos filles ont dormi pendant tout le trajet, bercées par le moteur électrique. Les deux autres mousquetaires sont déjà arrivés. Nous installons les enfants dans la cuisine et leur donnons à manger pendant qu'Athos explique le plan du jour : « On va se balader en poussette jusqu'au petit port et là, on pourra se baigner pendant que les moins braves resteront avec les bébés. Demain, il va pleuvoir, alors autant sortir aujourd'hui.

— Je n'ai pas pris de maillot de bain ! s'exclame Porthos.

— Ça commence ! »

Nous anticipons tous les détails logistiques et nous répartissons les tâches. Athos et moi nous occupons des bébés qui rampent ou stagnent dans le salon pendant qu'Aramis installe les lits parapluies, et que Porthos remplit le réfrigérateur et prépare les sandwichs.

Le chalet est équipé de deux chambres avec des lits superposés.

« Tu veux le lit du haut ou du bas ? me crie Aramis.

— Du bas ! » Contrairement aux trois autres, ma fille ne fait pas ses nuits, et je pense que je vais me réveiller plus d'une fois. Je m'excuse par avance auprès d'Aramis, qui partagera ma chambre : sa nuit sera agitée ; d'Artagnan sera de veillée plus d'une fois.

Deux heures plus tard, après avoir changé les couches et avec un peu de retard sur notre planning, nous pouvons sortir profiter de l'air frais. Les pleurs des bébés se font rares. Certaines filles des mousquetaires commencent à fatiguer et s'endorment dans leur poussette. D'autres réclament leur papa.

Nous nous baladons dans la forêt de Son et arrivons au port du fjord. Athos montre l'exemple de la bravoure et plonge dans l'eau froide. Je souhaite garder ma réputation de père courageux, je le suis. Les deux autres battent retraite, donnent des compotes aux bébés qui en réclament et prennent quelques photos pour immortaliser la prouesse.

La pluie fait son apparition plus tôt que prévu. Nous rebroussons chemin et rentrons au chalet. Nous avons tous prévu une protection de pluie pour nos poussettes, mais pas forcément pour nous-mêmes... Un grand classique du congé paternité : le père pense à sa fille et s'oublie.

« À quelle heure se couchent vos filles ? » demande Porthos.

L'horaire est le même pour toutes : 18 heures 30, ce qui nous laisse une heure avant d'être théoriquement tranquilles pour un repas sans enfant.

Comme prévu, après la tournée des biberons, Nora entame sa demi-heure de pleurs, tandis que les trois autres bébés s'endorment sans souci. Aramis déplace finalement sa fille dans la chambre des enfants calmes. J'entends les trois mousquetaires attaquer le saucisson et je reste isolé à câliner ma fille pour qu'elle s'endorme. Je déteste cette sensation de rater les bons moments pendant que je galère seul. Mais, un brin fataliste, je me suis habitué à cette routine de frustration. Je me sens davantage le cardinal Richelieu, ce soir. Je fais un aller-retour pour piquer une petite olive à la table de l'apéro. « Le monde est injuste, les gars !

— Tu veux un conseil ? rigolent-ils.

— Faites les malins ! Vive la solidarité !

— Le saucisson passe avant tout », répond Porthos, qui montre aussi des signes de fatigue.

À 20 heures, Nora se décide à s'endormir. Il se pourrait que le calme gagne le chalet et qu'enfin nous ayons devant nous quelques heures sans bébé. Les discussions commencent autour de la comparaison entre nos vies françaises et norvégiennes. Entre deux jeux de cartes et de société, deux verres de vin rouge, nous refaisons le monde comme des Français en désaccord sur tout.

Je remarque que la fatigue gagne du terrain et que cette échappée collective se mue davantage en un long moment de résistance qu'en un plaisir continu.

« Un bébé pleure », note Fred.

Ouf ! ce n'est pas la mienne.

C'est la petite d'Aramis. Il la déplace dans notre chambre. Il n'en sortira pas. Trop épuisé par la journée, c'est le premier des mousquetaires à baisser les armes.

Porthos et Athos profitent de ce temps mort pour envoyer un message à leur femme. Je fais de même. Cette virée s'annonce plus comme un enchaînement de contraintes à gérer qu'un week-end *Les Petits Mouchoirs* avec bébés.

Les réveils de Nora rythment ma nuit. Et celle de tout le chalet. À 5 heures du matin, les quatre mousquetaires font la queue devant le micro-ondes. Nous connaissons tous les quantités de lait infantile. Une cuillérée de poudre pour trente centilitres d'eau. J'enchaîne les biberons pour tout le monde, d'un geste presque automatique. Aramis chante pour calmer sa fille, Athos berce la sienne et Porthos donne le lait.

La solidarité paternelle se réveille avec le soleil du matin. Nous sommes semblables au brouillard qui nous entoure. Nous relevons chaque défi avec un bébé dans les bras. Sans même nous parler, nous nous entraidons. Peut-être que, à défaut d'avoir tout réussi, notre groupe de naissance a tout tenté. Et finalement, nous nous sommes plutôt bien débrouillés. D'Artagnan peut lever son épée. Et se féliciter de ce spectacle de camaraderie. « Un pour tous et tous pour un ! »

Les bras de papa

Tisser des liens avec son enfant

Appartement de Torbvakkgata, 3 septembre 2018

Il n'y a pas de petites victoires, et ce week-end du mois de septembre est historique. Un accident domestique se déroule alors que Louise range l'appartement que je n'avais sans doute pas assez bien nettoyé la veille, trop occupé à jouer avec ma fille. Nora, justement, rampe vers le chariot en bois occupé par son frère et laisse malencontreusement sa main traîner sous la carriole, dont les roues écrasent des phalanges. Plus de peur que de mal, rien de cassé, mais, comme à chaque mésaventure, le rituel du bébé en colère commence. D'abord un petit cri, ensuite le hurlement, la larme qui coule et la recherche de maman pour la consoler. Mais, pour la première fois, Nora demande son père en tendant ses bras dans ma direction. Louise la porte jusqu'à moi.
« Voilà, tout va bien. Papa est là », dis-je en regardant Louise avec fierté. Blottie contre ma poitrine, ma fille se calme en quelques secondes.

Nora a pris l'habitude que son papa la nourrisse, la couche et la console. À raison d'une quinzaine de câlins chaque jour, peut-être une trentaine, la nouvelle routine crée une connexion père-fille indéniable. Nous enchaînons les jeux de bébé et un méli-mélo de comptines. Il y a des jours où les petites marionnettes sont à cheval gendarme et se font tremper dans l'huile puis dans l'eau sur un air de chanson douce que ne me chantait pas très bien mon papa. Les siestes de ma fille ont souvent lieu dans sa poussette, mais, lorsqu'elle a du mal à s'endormir, il m'arrive de m'allonger et de la poser sur mon torse.

Par mimétisme et étant moi-même épuisé de cette attention constante, je pique du nez avec ma fille comme couverture. Nos respirations nous bercent mutuellement, parfois pendant deux heures. Ainsi Nora, qui aimait caresser les cheveux de Louise, se plaît maintenant à toucher ma barbe. Je ne sais pas si cela durera avec le temps, et a fortiori quand j'aurai repris le travail, mais le long congé paternité permet au père de concurrencer la mère dans la préférence affective, et cet épisode des doigts sous la carriole le confirme. Pendant cette période, Louise tire avantage de la situation plutôt que de se vexer. À chaque pleur nocturne, elle me rappelle : « C'est toi qu'elle veut » et je me lève pour faire le biberon de ma fille – même si les spécialistes déconseillent de donner un biberon pendant la nuit pour ne pas habituer les enfants. Ni Émile ni Nora n'ont fait leur nuit tôt. Je ne sais plus ce que c'est que de dormir plus de cinq heures d'affilée.

Mon fils aîné, pour qui je ne me suis pas arrêté de travailler durant sa toute petite enfance, a systématiquement cherché sa mère à chaque contrariété. Je remarque que cela évolue aussi. Mon long congé paternité m'a beaucoup rapproché de lui, je l'accompagne et viens le chercher tous les jours au jardin d'enfants et on joue ensemble au moins trois heures par jour.

Mon rapport au temps est plus relaxé, je suis moins stressé qu'en période de boulot. La Norvège avait déjà contribué à me faire adopter un rythme plus sain. Prendre du temps pour mes enfants me réjouit et ils doivent me sentir plus disponible. Je me surprends à éprouver une certaine dépendance à leur égard. Le rituel du bain est devenu un plaisir pendant ce congé. Émile, en grand frère attentionné, s'applique à laver sa sœur dans la baignoire. Elle rigole et ces petites scènes du quotidien suffisent à mon bonheur. Les sourires de ma fille sont mon seul indicateur de réussite.

Je redouble d'attention à l'égard de Nora, car j'ai lu une étude qui montrait que, quand un père a un fils et une fille, il a tendance à investir davantage de temps avec son fils, avec qui il tisse des liens de complicité particuliers. Et il est vrai que j'enchaîne les activités avec mon fils : jeu de cartes, jeu d'échecs, jeu de société, vélo, football. L'étude montre que les mères n'ont pas ce biais.

Mon congé paternité élève ma curiosité sur les questions de parentalité. Alors que les études sur l'éducation me semblaient inintéressantes il y a quelques mois, elles me passionnent de plus en plus. Je suis transformé par des découvertes sur l'épanouissement des enfants, leur développement, leur apprentissage des langues. J'envisage même pour Nora un enseignement pédagogique Montessori, alors que je trouvais ce concept ridicule auparavant.

Décidément, ce congé paternité me change beaucoup. Peut-être trop ? « Tristan, ressaisis-toi ! À rester si longtemps avec tes enfants, tu risques de devenir une mère comme les autres... »

À la pêche au saumon

Et si le congé paternité créait du lien ?

Fjord d'Oslo, 6 septembre 2018

« Tristan, t'es réveillé ? C'est aujourd'hui ou jamais ! » annonce le SMS matinal. Il semble que l'enfant de Mikkel, le papa norvégien à moustache, se porte mieux. C'est aujourd'hui jour de pêche ! Voilà une étape supplémentaire à franchir dans mon défi de père scandinave. Je m'adapte doucement à cette nouvelle vie. Une routine s'installe. Mon quotidien s'articule autour de ma fille et de nos sorties dans les crèches ouvertes d'Oslo.

Les problèmes liés à l'organisation sont presque résolus, je n'ai plus besoin de faire marche arrière et de rentrer récupérer le sac de couche oublié. La virée dans le chalet d'Adrien s'est au final bien passée, Louise a arrêté de coller des Post-it® sur la porte avec la liste des courses de la journée. Je gagne en autonomie.

Quelques couacs subsistent. Nora décide d'imiter le soleil, elle ne se couche plus vraiment et vit au rythme nocturne de mon quartier de Grünerløkka. Bruyante, active, enjouée, elle répond par des rires et des pleurs aux hurlements des passants légèrement éméchés dans la rue. Dans la famille « bébé qui ne fait toujours pas ses nuits », je suis le « père en congé paternité ». Louise a été la bonne pioche à chaque réveil de Nora pendant son congé maternité. Chacun son tour.

Je n'ai pas vraiment fermé l'œil ces dernières heures et je suis bien réveillé à la réception du message de Mikkel. À vrai dire, à 7 heures du matin, j'ai même déjà le sentiment d'une longue journée accomplie. J'en suis à mon deuxième changement de couche et le petit déjeuner norvégien de mes deux enfants est déjà englouti.

Ma fille a terminé son *grøt*, cette bouillie à base de blé et d'avoine, pleine de fer et de vitamines, recommandée par les spécialistes de la petite enfance. Ce mélange de céréales serait excellent pour le développement du cerveau, des muscles, des os, et la croissance du bébé dès quatre mois. Nora, qui dévore cette Blédine® revisitée, confirme par la taille de ses cuisses la théorie du *grøt*.

Quant à mon fils aîné, sa tartine classique beurre-confiture est recouverte d'un fromage local : le *brunost*, « fromage marron ». Il y a deux fromages en Norvège aux noms simples et peu métaphoriques : le *gulost*, « fromage jaune » et le *brunost*, « fromage marron ». Difficile de se tromper. Le premier s'apparente à un gouda à pâte cuite sans goût prononcé ni intérêt. Le second, marron du fait d'une légère caramélisation de l'assemblage des laits de vache et de chèvre, a l'avantage de présenter de l'exotisme et d'éveiller la curiosité. Les adeptes disent de ce fromage qu'il a un goût de spéculoos au beurre salé. Quant aux opposants, dont je fais partie, ils l'assimilent à une pâte sucrée immangeable, dont l'appellation « fromage », sinon insultante, paraît tout du moins usurpée. Le *brunost* constitue une madeleine de Proust pour les Norvégiens, chaque bouchée leur rappelant un moment convivial du petit déjeuner en famille. L'attachement est donc plus émotionnel que rationnel, et c'est pourquoi leur fromage ne s'exportera jamais.

Bref, je suis debout depuis quatre tranches de pain. Et je m'apprête à appeler Mikkel pour lui raconter ma nuit. Il ne m'écoute pas. « On s'en fiche de ton sommeil ! C'est aujourd'hui le jour de pêche. Ciel bleu, vent doux, conditions idéales. Rendez-vous à 9 heures au port d'Oslo, à Aker Brygge, pour embarquer. Direction versant est de la presqu'île de Nesodden. Un bus nous mènera ensuite sur la petite colline de Søndre Sprø. J'y possède un chalet en bois qui donne sur le fjord. On peut presque pêcher les pieds dans l'eau. T'es partant ? »

Encore sceptique à l'idée d'une version hétérosexuelle et avec bébés de *Brokeback Mountain*, j'essaie de noyer le poisson : « La pêche, tu sais, je n'en ai jamais fait. Et je suis un peu crevé aussi. Je ne suis pas sûr, et puis avec un porte-bébé, c'est pas dangereux ? »

Mikkel insiste : « Mais de quoi as-tu peur, petit Parisien ? » Il ignore sans doute que le Parisien ne possède pas de si grand ego. Je ne serai touché ni dans ma virilité ni dans ma masculinité si je passe mon tour. Je préfère simplement éviter le scénario d'un polar à la Stieg Larsson, avec des bébés qui disparaissent dans un fjord, au milieu d'une île que personne ne connaît.

Mikkel renchérit et tente de me rassurer avec un long monologue finissant par : « Ne t'inquiète pas, Tristan, je pêche depuis que j'ai cinq ans. » Je me laisse finalement convaincre par sa spontanéité. Après tout, je pourrai simplement le regarder. Ou je vais peut-être réussir à attraper un cabillaud et nourrir toute la famille ce soir ? La chance du débutant et un repas locavore en perspective, voilà qui devrait convaincre ma femme, sans doute dubitative à cette idée.

Mon congé paternité me permet de tisser de nouveaux liens, ce qui est une surprise pour moi. Rencontrer de nouvelles personnes prêtes à partager leur passion me plaît. Beaucoup de femmes considèrent la période du congé maternité comme un isolement. Je ne vis pas du tout cela. Je me décide à tenter l'aventure. Au moment d'informer Louise, qui est sur le point de quitter l'appartement pour se rendre au travail, je devine déjà sa réaction.

« Je vais pêcher aujourd'hui.

— Et Nora ?

— Avec moi, dans le porte-bébé. »

Conformément à ma prévision, son visage se transforme rapidement, laissant transparaître une certaine angoisse et un questionnement : « Mais pourquoi tu me fais ça à moi ? »

« Avec un peu de chance, je vais nous rapporter du cabillaud ! »

Louise finit par sourire, doutant de ma capacité à pêcher, a fortiori avec un bébé dans le dos. Elle est cependant ravie que je profite de ce congé. Et elle sait, comme moi, que respirer l'air de la nature va plaire à notre fille. Elle sait surtout qu'elle n'a pas vraiment son mot à dire et s'incline : « Fais attention à ma fille ! » avant de fermer délicatement la porte.

Je me dirige donc vers le port d'Oslo après avoir déposé mon fils aîné au jardin d'enfants. Comme pour chaque sortie en congé paternité, j'ai la désagréable sensation d'être un camion de déménagement. J'occupe la moitié du trottoir, avec Nora dans sa poussette surchargée de vêtements de rechange, Émile à vélo et moi avec un sac à dos porte-bébé qui accueillera Nora pendant la pêche. Je ne passe pas inaperçu dans la rue. Je ne sais trop comment analyser les regards que je croise. Voir un père galérer avec deux enfants génère amusement et compassion. Je m'accroche aux quelques sourires.

Au bout du tramway 12 reliant Grünerløkka au port d'Aker Brygge, Mikkel, sa moustache, son chien Melvin et son petit Emil attendent Tristan, sa barbe et sa petite Nora. Ma fille s'endort au moment où le bateau largue les amarres. J'en déduis qu'elle se réveillera quand nous atteindrons le chalet de Søndre Spro, d'ici une heure. Mauvais timing, j'aurais préféré qu'elle commence sa sieste au moment de la pêche. Mikkel profite du trajet pour m'expliquer les techniques de pêche et déployer l'inventaire de tous les poissons qui ont mordu à son hameçon depuis sa tendre enfance. Il me parle du record de taille d'un saumon pêché par son père, qui lui a valu une publication dans le journal local, dont l'article, avec la photo du poisson, est encadré et accroché au mur du chalet qui nous attend.

J'essaie de poser des questions pertinentes : « Quel appât va-t-on accrocher sur l'hameçon ? Des vers de terre, des anguilles, des insectes, des morceaux de poisson, du foie de poulet, du maïs ? » Mikkel m'explique que l'on pêchera avec un leurre, un appât artificiel en métal brillant conçu pour attirer le poisson. Légèrement noyé par ce vocabulaire technique norvégien, je hoche la tête doucement, de manière à suggérer un acquiescement, sans pour autant le garantir.

Nous arrivons sur les lieux du crime. L'atmosphère qui règne autour de ce chalet typique en bois rouge foncé, presque bordeaux, entouré d'un jardin sauvage, est agréable. Pas de voisins aux alentours, un silence reposant avec, en fond sonore, les pleurs du petit de Mikkel. Emil a faim et a droit à une purée qu'il reçoit dans la cuisine du chalet, au décor des années 1970. Ma fille, sans doute sensible à l'odeur de la nourriture, en profite pour se réveiller et recevoir sa portion.

Les enfants sont rassasiés et changés, nous les installons dans leur porte-bébé respectif. L'expérience semble leur plaire. Nous sommes prêts. C'est donc ma première fois avec une canne à pêche dans les mains. Mikkel, très pédagogue, m'apprend les consignes de sécurité et toutes les techniques adaptées au port d'un porte-bébé : comment lancer un hameçon à quarante mètres, où se placer par rapport au vent, que faire si un poisson mord...

Mon premier essai est un échec, j'ai dû mal saisir le moulinet et bloque la bobine. Pas de dommages causés, ma fille respire toujours. Le deuxième lancer part à vingt mètres. Mikkel me félicite : « Tu apprends vite ! » Mais toujours rien.

La pêche consiste à répéter les lancers et à ramener vers soi le leurre métallique, dont le mouvement dans l'eau est censé attirer le cabillaud. Mikkel se déplace de l'autre côté de la corniche, me laissant seul. J'en suis à ma cinquième tentative quand, tel Brad Pitt dans *Et au milieu coule une rivière*, soudainement, je sens un poisson mordre à mon hameçon. « Mikkel ! Mikkel ! Ça mord, viens m'aider ! » Quel plaisir de sentir la résistance du poisson et l'adrénaline que cela procure !

La prophétie a dit vrai : j'ai eu la chance du débutant, si bien que Mikkel reste muet comme une carpe.

« Mikkel, je fais quoi ? »

Il me crie les instructions : « La canne à pêche à la verticale ! Mouline, tire vers toi ! Mouline et tire vers toi... Ta fille a l'air super contente en tout cas ! »

C'est bien à l'hameçon du Parisien inexpérimenté que ce beau cabillaud a mordu aujourd'hui ! Je mouline, me déplace vers l'arrière selon les conseils de l'expert, jette des coups d'œil sur Nora qui rigole. Mikkel applaudit, le poisson gigote dans tous les sens et essaie de se libérer. Mikkel ne semble pas sensible à sa souffrance.

« Attends avant de l'ôter de l'hameçon, on va immortaliser cela, dit-il. Mets le poisson au premier plan et recule, le cabillaud donnera l'impression d'être plus gros ! »

Il sort ensuite l'équipement pour peser le trophée. Un kilogramme, c'est une taille moyenne !

« Je dirai deux kilos à ma femme !

— Tu connais le proverbe norvégien ? Celui qui pêche le poisson doit le vider », me rétorque Mikkel en me tendant un couteau. Je découpe, retire les entrailles et nettoie ma fierté du jour. Pendant ce temps, mon comparse repart à l'attaque. Mais, à son grand désarroi, il ne pêche que des petits cabillauds qu'il préfère relâcher. À défaut des poissons norvégiens, Mikkel aurait-il attrapé l'arrogance française ?

Le temps passe et les enfants manifestent leur impatience. Après quelques pauses de jeu avec eux, nous décidons de rentrer. Au moment de lever l'ancre, Mikkel souhaite effectuer un dernier lancer. Je garde son fils sur mes genoux. Je lui fais mimer des encouragements : « Allez, papa, allez, papa ! » Nous sommes impatients de connaître le résultat de cette ultime tentative.

Déterminé et concentré, Mikkel saisit sa canne, fait virevolter l'hameçon au-dessus de sa tête, une fois, deux fois, puis trois fois, le lance d'un geste majestueux à une quarantaine de mètres, prenant en compte la direction et la force du vent de manière que l'appât atterrisse face à lui. Il bloque le moulinet et montre sa technicité de pêcheur. Tous les spectateurs sont pendus à son hameçon, dont nous attendons qu'il soit mordu. Le suspense devient presque insoutenable. Quelques secondes passent. Soudain, Mikkel se retourne vers nous : « Ce ne sera pas pour aujourd'hui ! »

« Tu rentres chez toi sans saumon mais avec un nouvel ami ! » lui dis-je en lui rendant son fils. Pour le remercier de la sortie, je l'invite au tour de visite guidée en poussette du musée d'art moderne. Et je crois que cette proposition lui plaît.

Je ne suis pas près d'oublier cette journée. Toute la famille va profiter de ce cabillaud norvégien. Mes enfants et ma femme vont se régaler ! J'ai hâte de voir la réaction de Louise. Quand la victoire est au programme, un Parisien a rarement la mémoire d'un poisson rouge.

À la recherche du sac perdu

Les galères du quotidien (2/2)

Un peu partout à Oslo, 10 septembre 2018

La dernière personne qui sera informée de cette mésaventure s'appelle Louise. Je mettrai tout en œuvre pour que l'histoire ne lui arrive pas aux oreilles. Je tourne en rond dans l'appartement, erre de pièce en pièce, fouille dans les moindres recoins, me prends la tête à deux mains : « La sacoche, la sacoche, où est passée la sacoche de Nora ? »
Si j'en étais à mon premier oubli, je dédramatiserais cette nouvelle péripétie. Mais, victime de mon étourderie, j'ai un lourd passif de tétines perdues, de biberons égarés dans des cafés, de chaussons laissés à l'abandon dans les jardins d'Oslo. Je m'étais juré de mettre un terme à la prophétie du père distrait, d'adopter le réflexe de tout vérifier avant de quitter un lieu, mais j'apprends trop lentement de mes erreurs. Ce matin-là, à nouveau débordé, impossible de mettre la main sur ce maudit sac.

Mais où donc est-il passé ?

Jusqu'ici, j'ai toujours été chanceux. J'ai pu compter sur la bienveillance norvégienne pour récupérer in extremis les affaires disparues, car le prénom de Nora et le numéro de téléphone de Louise figurent sur les vêtements de ma fille. Louise a passé son congé maternité à coller des étiquettes, ce qui lui permet de recevoir régulièrement des SMS d'adorables Norvégiens à l'occasion de chacune de mes négligences : « Le pull de Nora est à la piscine municipale de Tøyen », « Nous avons trouvé les chaussons de Nora dans la crèche publique de Grünerløkka », « Le biberon de Nora est à l'ambassade de France ». Louise connaît donc mon emploi du temps. Elle s'amuse autant qu'elle s'agace de recevoir ces SMS et n'hésite pas à en plaisanter : « L'ambassade de France ? Belle performance, Tristan ! Tu as enfin pu faire la demande de carte d'identité de Nora, alors ? »

Si j'avais su, j'aurais moi-même repassé les étiquettes de Nora et inscrit mon numéro de téléphone. Mais, pour cela, il aurait fallu me rendre sur le site Internet qui propose ce service et passer commande. La charge mentale relative aux petits détails du quotidien reste féminine et je dois féliciter Louise d'y avoir pensé, c'est un excellent retour sur investissement.

Je suis donc sous la pression d'essuyer un nouvel échec, il me faut retrouver la sacoche de ma fille. Dans cette période où l'on débat du rôle du père dans l'éducation, où j'entends parfois de la bouche des mères qu'« elles sauront toujours mieux s'occuper d'un enfant », je projette sur ce sac le symbole de ma crédibilité. J'y place mon honneur, ma fierté, mon statut de père moderne. Cette sacoche contient bien plus que les affaires de ma fille, elle renferme ma dignité paternelle.

Je mets tout en œuvre pour l'intercepter avant qu'une bonne âme la trouve et joigne Louise. Ou pire, qu'elle soit perdue à jamais. Nora réclame à manger et dresse un obstacle supplémentaire à mon enquête urgente. Je lui donne la priorité et puis, tel l'inspecteur Harry Hole du célèbre romancier Jo Nesbø, je tente de me remémorer en détail la journée précédente, à la recherche d'indices.

La dernière fois que j'ai vu ce sac, c'est hier après-midi, en quittant le domicile de Tor, mon beau-père, qui m'avait invité à déjeuner. Je m'étais rendu à Nesodden et il m'avait offert de nouveaux vêtements pour Nora, dont certains étaient tricotés par Bodil, ma belle-mère, et d'autres avaient appartenu à Louise quand elle était petite. Ces détails apportent un stress supplémentaire à ma contrariété du jour.

Je retrace mon parcours, ferme les yeux pour me concentrer sur chaque étape. J'ai utilisé trois moyens de transport différents pour revenir de chez Tor : le bus de banlieue 575 dans la presqu'île de Nesodden, dans lequel Nora avait crié sans que les passagers montrent beaucoup de signes de compassion. Puis le bateau B10 qui traverse le fjord d'Oslo, où Nora et moi nous étions endormis de fatigue. Et enfin le tramway 13 qui relie le port à mon arrêt de Schouss Plass, dans lequel une femme norvégienne m'avait demandé comment mon congé paternité se passait et félicité de bien m'occuper de ma fille souriante.

Je privilégie la piste du bateau. J'ouvre mon ordinateur, recherche sur Internet un numéro à appeler. Il y a en effet une consigne spéciale pour objets perdus dans les bateaux. Je pose Nora sur son tapis d'éveil et saisis mon téléphone. J'entame la discussion avec la voix de bébé en fond sonore.

« Service des objets perdus du port d'Oslo, bonjour !

— Allô, madame ?

— Oui, comment puis-je vous aider ?

— J'ai perdu un sac et je suis presque certain de l'avoir oublié dans le bateau B10 qui rejoint Oslo à Nesodden.

— Comment est votre sac ? »

Limitée par mon vocabulaire norvégien, ma description se limite à « noir et assez grand ».

« Oui, nous avons un sac noir. »

J'entrevois la lumière.

Elle ajoute : « Pouvez-vous m'indiquer ce qu'il y a à l'intérieur ?

— Oui, il y a toutes les affaires de mon bébé : biberons, trousse de change, compotes, petit pull en laine tricotée par sa grand-mère... » énoncé-je, légèrement embarrassé, mais plein d'espoir.

Le suspense est insoutenable. J'entends la responsable ouvrir la fermeture éclair et fouiller dans le sac.

« Ah non, désolée, dit la responsable, ce ne sont pas des affaires pour bébé. Vous pouvez venir vérifier, mais ce n'est pas votre sac.

— Oh, non !

— Encore désolée, bon courage !

— Merci », dis-je, victime d'un ascenseur émotionnel.

J'appelle alors Tor pour m'assurer que le sac n'est pas chez lui, même si je suis quasiment certain de l'avoir emporté : « Non, Tristan, le sac n'est pas à la maison, peut-être l'as-tu oublié dans le bus de la commune de Nesodden. Je vais appeler la compagnie et je peux me rendre à leur bureau et te l'apporter s'ils l'ont, me dit-il, d'un air impliqué.

— Merci, Tor, tiens-moi au courant. »

Le stress augmente, je continue mon investigation en optant pour l'oubli dans le tramway. Les compliments de la passagère ont pu me distraire. Je contacte un autre service des objets perdus, celui des transports publics d'Oslo (tramway, métro et bus), qui m'invite à remplir un formulaire en ligne ou à me déplacer directement à la station Nationaltheatret. Pour l'option numérique, j'aurais besoin de Louise pour écrire un norvégien correct, mais lui demander de l'aide pour cet e-mail serait un aveu d'échec. J'opte pour le déplacement physique.

Malgré la pluie diluvienne, je me décide à me rendre sur les lieux. J'équipe la poussette d'une protection imperméable, y installe Nora qui reste sage, entame une course à pied le long de la rivière d'Akerselva. Je rejoins la station Grønland, puis emprunte le métro qui me mène au centre-ville. Arrivé à la station des objets perdus, je slalome avec ma poussette entre les usagers et parviens, transpirant, à me présenter au comptoir. Je souhaite utiliser Nora pour gagner quelques places dans la queue. En vain ! Je prends mon mal en patience.

Mon tour arrive après quelques minutes.

« Bonjour, madame, avez-vous récupéré un sac noir hier ou ce matin ? Je l'ai peut-être oublié dans le tramway 13. »

La réceptionniste, une vieille femme aux traits tirés qui mâche vulgairement son chewing-gum, s'en va fouiller dans le local d'objets perdus. Elle revient vers moi et, de sa voix grave de fumeuse, me répond d'un ton peu aimable : « Pas de sac noir, non. Revenez demain ou allez en ligne remplir le formulaire.

— NNNOoooooooonnnnnnn ! » C'est un cri du cœur qui sort. Je me tourne vers la personne qui attend derrière moi, à la recherche d'un regard compatissant. Je ne le trouve pas.

J'appelle à nouveau Tor qui ne répond pas et me dirige alors vers le port. Je n'ai pas totalement écarté l'option de l'oubli dans le bateau. Je m'y suis légèrement assoupi, j'ai pu oublier le sac à mon réveil. J'emprunte la rue de Sannergata, passe le Centre Nobel de la paix. Je mériterai d'y être distingué si je retrouve ce sac. Mais ma tentative est un échec. En arrivant devant le bateau, le personnel à bord me confirme n'avoir rien trouvé.

Je repère un café pour m'abriter et donner à manger à Nora. Je tends un biberon rempli d'eau minérale au serveur pour qu'il le réchauffe au micro-ondes.

« Combien de temps ?

— Quarante secondes. »

Pour moi, je commande un smoothie à soixante couronnes (six euros) et un croissant à quarante couronnes (quatre euros). Les prix norvégiens ne m'arrêtent pas. Je récupère l'eau chaude, y ajoute cinq cuillérées de lait en poudre. Nora ingurgite son biberon, mais je n'ai que peu d'appétit. Après quelques minutes où je me repasse à nouveau mentalement toute ma journée d'hier, la pluie finit par s'arrêter. Je me décide à retourner à l'appartement tête basse, énervé contre moi-même, incapable de me rappeler précisément les circonstances de cet oubli. J'anticipe la tristesse et l'agacement de Louise qui me rejoindra dans quelques heures.

Je ne gère pas comme un père devrait le faire. Ce n'est pas le congé paternité qui me fatigue, c'est moi-même. Tous mes espoirs reposent sur mon beau-père, mais, sans nouvelles de sa part, je suis sur le point d'abdiquer.

Arrivé dans mon salon, j'installe Nora sur mes genoux. Sous la cagoule que j'enlève apparaît son adorable fossette. Son sourire me réconforte, le vent d'automne a rafraîchi ses joues. Elles sont à croquer. Il n'y a pas de drame, ce ne sont que des affaires et ma fille est contente, c'est le plus important. J'oublie un instant le stress et me laisse succomber au charme de Nora : elle rampe devant moi, puis imite mes applaudissements pour finalement se tenir debout. Je l'encourage à chaque étape, même minime. Je la blottis contre moi, j'ai besoin d'un câlin.

Le bruit de l'interphone interrompt ce moment de tendresse père-fille Qui cela peut-il bien être ? Tor ? L'espoir revient.

« Allô ?

— Tristan ?

— Oui ?

— C'est Tor ! J'ai ton sac !

— Je vous ouvre ! » dis-je en criant.

Mon stress descend alors que Tor monte dans l'ascenseur. Je danse dans le couloir de l'entrée avec ma fille dans les bras. Nous valsons, tournons, chantons en attendant de retrouver le trésor. J'accueille Tor, échange Nora contre le sac, vérifie les pulls tricotés et les bodies.

« Tout y est ! » dis-je en souriant à Tor et à Nora.

Je lui propose un café, Tor préférerait une bière.

« J'ai soif, j'ai couru dans toute la ville pour toi !

— Merci, merci, merci, Tor ! Il était où ?

— Tu l'as oublié dans le bus de Nesodden !

— Je suis trop tête en l'air ! dis-je en ouvrant une bière pour Tor. Tu me sauves la vie.

— Alors, ce n'est pas facile de s'occuper d'un bébé, on dirait, Tristan ? Tu sais, je suis impressionné par toute ton énergie et tout ce que tu fais avec ta fille. C'est vraiment admirable de vous voir tous les deux, vous formez un super duo. Elle est toujours heureuse avec toi, cela se sent. Ces petites péripéties ne doivent rien enlever à ta fierté. Tu t'occupes très bien de ta fille. Tous les hommes ne font pas cela. Chapeau ! »

Les mots de Tor me touchent. Je n'ai pas l'habitude de recevoir des compliments de sa part et il n'a pas encore assez bu de bière pour que je puisse mettre ça sur le compte d'une ivresse joyeuse.

Nous passons une heure ensemble à jouer avec Nora, à la pousser dans son chariot, à lui lire des histoires des pompiers et de Bob l'éponge. Du haut de son mètre quatre-vingt-douze, Tor la jette en l'air et je prie pour qu'il la rattrape. « Doucement, quand même ! » lui dis-je en le remerciant pour la cinquantième fois. Il ne faudrait pas qu'un heureux événement finisse en accident.

« Je te rappelle que j'ai eu trois filles, me répond Tor en s'habillant pour repartir.

— Au revoir, Tor ! Au fait, motus et bouche cousue, Louise n'a pas besoin de savoir... »

Je reste à la maison avec Nora et ma fierté. Je suis heureux de tisser ces liens avec mon beau-père. Je prépare le repas pour Louise, à qui je me garderai bien de raconter ma journée. La voilà qui m'appelle.

« Allô, Tristan ?

— Oui ?

— Tu n'as pas oublié quelque chose par hasard ?

— Comment tu le sais ?

— Amel, du jardin d'enfants, m'a appelé. Il est 17 heures, ils vont fermer et tu n'es pas allé chercher Émile ? »

Le sort s'acharne.

Un agenda de ministre

Enchaîner les sorties avec son enfant

Oslo, semaine du 16 au 20 septembre 2018

Cette semaine encore, mon quotidien d'homme en congé paternité concurrence celui d'un homme politique en campagne. La commune d'Oslo propose tant d'activités aux jeunes parents avec bébé que je ne sais plus où donner de la tête. Ici, le père en congé ne s'ennuie pas. Je peux donc prétendre au poste de ministre de l'Égalité femme-homme, j'en ai déjà l'agenda. Constamment en déplacement, je serre des mains à longueur de journée et incarne la modernité.
Vous me trouverez tous les lundis matin dans ma permanence : la crèche ouverte de Grünerløkka. Rattaché à la commune d'Oslo, cet organisme accueille les parents en congé avec leurs enfants. Je n'y débats pas de la place de l'homme dans le milieu de la petite enfance, je l'occupe. J'y retrouve d'autres pères comme Pierre et Mikkel, et vous m'y verrez bien sûr avec ma fille Nora. Je l'aide à ramper, à tenir des objets, je la stimule à l'aide de divers exercices de motricité. Après l'avoir nourrie et changée plusieurs fois, je rentre à la maison pour mettre en pratique les conseils énoncés par la responsable pédagogique, Gul. Puis je vais chercher mon fils Émile, je donne le bain aux enfants et prépare leur repas.

Le mardi, je suis en déplacement. Visite du personnel médical (la PMI de Grünerløkka) pour vérifier que Nora poursuit sa courbe de croissance norvégienne. Nous allons ensuite chanter dans une église protestante de Grønland qui organise des chorales pour bébé. C'est l'occasion de discuter et de remercier les représentants du clergé local. D'autres parents se joignent à l'événement, ouvert à tous sans discrimination. Après avoir fait déjeuner ma fille, Frédéric et moi discutons du Brexit (ou peut-être de football) au café branché Retro de Grünerløkka. Nous finissons par un passage au supermarché pour le dîner du soir, puis je vais chercher Émile à la crèche, je donne le bain et prépare le repas pour la famille.

Pas le temps de se reposer le mercredi non plus. Nora et moi rencontrons les membres de l'association DNT (*Det norske Turistforeningen*) dont la mission est la protection et la promotion de la nature norvégienne. DNT organise chaque semaine une promenade en poussette dans la forêt d'Oslo. Avec cette activité en plein air d'une durée de trois heures et qui s'étale sur dix kilomètres, la remise en forme est garantie. La rencontre avec d'autres parents permet d'échanger des conseils et des bons plans. Le pique-nique collectif est l'occasion de sortir les bébés des poussettes pour les faire gambader. Nous décompressons ensuite grâce à une séance de papa et bébé yoga, dans la rue Markveien à Grünerløkka. Einaar, un ami père en congé, norvégien, vient avec son petit Mats. Nous profitons du soleil couchant pour perfectionner la position du soleil levant. *Namasté.*

Jeudi, le cours de cuisine pour bébé est annulé, faute de participants. Je me rabats donc sur une sortie culturelle. Le musée d'histoire moderne Astrup Fearnley propose une exposition temporaire sur Jeff Koons, avec une visite réservée aux parents en poussette. La guide commence son tour en rendant hommage au Français Marcel Duchamp qui, en 1917, a exposé un urinoir baptisé « fontaine » et convaincu son entourage que l'idée de l'œuvre compte autant que l'œuvre elle-même. « C'est un Français qui a créé l'art moderne », dit-elle. Je m'instruis pendant mon congé paternité ! L'après-midi sera consacré à des tâches domestiques, dont celle d'étendre le linge et de passer l'aspirateur...

Le vendredi matin, Nora et moi nous rendons au cours de bébé nageur à la piscine de Tøyenbadet en compagnie d'Adrien et de son fils Michael. Il y a un bassin extérieur, ouvert quand il fait beau. L'après-midi, fatigué par toute cette semaine, je me repose quelques heures, avant de me lancer dans la routine habituelle : ménage, lessive, bain, course, dîner. Ou *take-away*.

Toute ma reconnaissance à la commune d'Oslo, qui rend la période dynamique. Ce système de congé parental alterné a fait naître une large offre d'activités dans la ville. L'agenda du père en congé ressemble à celui d'un Premier ministre. Vivement que le Premier ministre inscrive la réforme du congé paternité à son agenda !

Horaire	LUNDI	MARDI	MERCREDI	JEUDI	VENDREDI
9 h-11 h	Crèche ouverte de Grünerløkka avec Mikkel et son bébé (ne pas oublier chaussettes antidérapantes).	Rendez-vous PMI (contrôle des 10 mois) et chorale pour bébé avec Adrien.	Balade collective dans la forêt de l'Østmarka organisé par l'association DNT. Proposer à Adrien et Pierre.	Visite guidée au musée d'art moderne ou cours de cuisine pour bébés dans la ferme d'Oslo	Plage ou cours bébé nageur à la piscine de Tøyenbadet : annulé.
11 h	Déjeuner : purée et compote.	Déjeuner : grøt et fruit.	Déjeuner : purée et compote.	Déjeuner : grøt et fruit.	Déjeuner : purée et compote.
11 h-14 h	Sieste Nora.	Sieste Nora.	Sieste Nora.	Sieste Nora et Tristan	~~Sieste~~ Galère.
14 h-17 h	À la maison tranquille. Racheter couches et lingettes.	Faire les courses pour la famille, puis café avec Fred et son bébé. Ne pas oublier bavoir.	Cours de papa et bébé yoga avec Einaar. Ne pas oublier le tapis.	Passer l'aspi et étendre le linge.	Galère (suite).
17 h	Aller chercher Émile + faire le bain + préparer repas.	Aller chercher Émile + faire le bain + préparer repas.	Aller chercher Émile + faire le bain + préparer repas Sushi : plat à emporter	Louise va chercher Émile.	Sieste (Tristan).

Un papa presque parfait

Quand les pères prêtent attention aux stéréotypes

Piscine de Tøyenbadet, 1er octobre 2018

Mais que m'arrive-t-il ? Moi qui, à mes débuts, pensais porter le bonnet d'âne du père en congé paternité, deviendrais-je à cheval sur les principes égalitaires ? J'ai commencé cette aventure au pas, puis trotté d'activité en activité avec ma fille et me voici galopant depuis quelques semaines avec mes convictions. Mon niveau de congé paternité atteint des records. Fini les craintes sur la virilité, j'ai mis de côté les stéréotypes du rôle du père traditionnel. Je deviens une caricature du paternel norvégien, un épicurien du congé paternité et un père engagé. J'assume ma place de figure d'attachement pour ma fille, et j'en retire une certaine fierté. Je deviens susceptible à chaque remarque. Louise, qui a osé me critiquer car je perdais trop de vêtements de Nora en m'affirmant : « Je trouve que tu gères moins bien qu'au début », m'a fait monter sur mes grands chevaux. « Tu ne sais pas mieux gérer ma fille que moi, chacun sa méthode ! »
De même, je réagis au quart de tour à des blagues sur les « papas ridicules » que j'aurais pu moi-même faire il y a quelques mois. Me voilà attentif à des détails de la vie quotidienne que je considère comme discriminatoires. Un scandale à la française a d'ailleurs failli se produire à l'accueil de la piscine municipale de Tøyenbadet.

Je m'y rends pour la cinquième fois avec Adrien et sa fille, heureux de profiter du cadeau de Noël de mon beau-père. Le petit bassin n'a plus de secret pour moi. C'est le lieu idéal des parents en congé désirant faire trempette avec leur bébé. L'activité des bébés nageurs figure en toute logique parmi les préférées des jeunes parents. Les cours sont pris d'assaut, et il est également possible de profiter des équipements sans professeur.

Les premières sorties ont été prometteuses. Nora adore plonger, patauger et interagir avec les autres bébés. Je suis à l'aise pour la faire jouer, même si je ne maîtrise pas la technique de la tête sous l'eau, censée faire d'elle la future Laure Manaudou. Je ne me mouille pas trop, je préfère éviter le risque de noyade. Les sorties en piscine ont deux vertus : profiter de moments de bonheur avec ma fille et m'octroyer trois heures de repos l'après-midi. Nora est si fatiguée après sa débauche d'énergie que la sieste interminable qui suit est un cadeau venu du ciel !

Mais, ce matin-là, je suis agacé : je dois en toute urgence changer ma fille avant de la faire nager et je ne trouve aucun endroit adéquat dans le vestiaire des hommes. Je cherche désespérément une table à langer. Je sors du vestiaire en short de bain moulant, une serviette sur l'épaule gauche, Nora et sa couche pleine à mon bras droit et sa sacoche de rechange dans la main, déterminé à me faire entendre par le réceptionniste :

« Excusez-moi, monsieur, mais il n'y a pas de table à langer dans les vestiaires des hommes de la piscine.

— Et alors ?

— Alors je dois changer ma fille. Je fais cela sur le sol du vestiaire, au bord du petit bassin ou je vais dans le vestiaire des femmes ? »

J'ai déjà un scandale à mon actif lors d'un vol Paris-Oslo. Mon premier changement de couche dans les nuages en guise de baptême de l'air ! La signalétique sur la porte des toilettes de l'avion équipée d'une table à langer représentait une femme et son bébé. Je n'avais manifestement pas l'uniforme requis pour changer ma fille. Irrité par la signalétique en jupe, j'avais d'abord tenté de me dérober. Je m'étais dirigé vers Louise avec un petit sourire en coin : « Apparemment, les changements de couche te sont réservés », mais la blague n'avait pas fonctionné. J'avais donc nettoyé Nora après m'être plaint au steward norvégien, tout embêté. J'ai même vu qu'aux États-Unis un homme avait remporté un procès pour discrimination dans les aéroports, obligeant l'installation de tables à langer dans les toilettes masculines.

Je compte bien récidiver devant le réceptionniste de la piscine, mais sa réponse ne me permet pas d'approfondir la discussion.

« Il n'y a pas de table à langer dans le vestiaire des femmes non plus. Vous faites comme tout le monde, vous vous débrouillez. »

Zut ! Je me suis fait rhabiller. Heureusement, mes séances de papa et bébé yoga me permettent de rester zen et de manipuler Nora en toutes circonstances. Grâce à la position du bébé-guerrier, à la salutation du soleil et à la posture du cobra, je relève ce défi avec sérénité, au milieu du vestiaire, sous l'œil bienveillant et amusé des autres hommes qui m'entourent. Nos cours de yoga m'ont permis de jouer le rôle de papa vedette à maintes occasions. Lors de chaque activité collective, je montre aux pères et aux mères des techniques pour distraire leur bébé. Je m'improvise parfois coach en montrant à un parent en difficulté comment utiliser la balançoire du bouddha pour faire sourire son enfant. Effet garanti, les mamans, qui au début hésitent à me confier leur petit, sont bluffées !

Adrien, nos deux petites sirènes et moi nous rendons au petit bassin pour trente minutes de natation synchronisée. Je deviens Poséidon, dieu du congé paternité sous l'eau. Trois plongeons, une partie de baby water-polo, une course à la brasse avec ma fille sur le dos. Je bois quatre fois la tasse, ce qui fait hurler de rire les bébés qui nous entourent. Adrien fait des grimaces aux enfants qui s'éclaboussent. Je défie les éléments. Cette période de complicité avec ma fille me fait pousser des ailes. J'aimerais que ce congé paternité dure le plus longtemps possible, mais il s'arrête bientôt. Nora ne maîtrise pas encore la nage papillon, mais nous nous sentons tous les deux comme des poissons dans l'eau.

Vers un paternity blues ?

Le retour au travail

Réunion avec le département Finance, 5 octobre 2018

La plupart des mères en France l'ont vécu, mais pour moi, c'est une première : le retour ! Vers le futur ou vers le passé ? Je ne sais pas encore, mais me voici dans les locaux de mon entreprise, reposé et épuisé après cinq mois de congé paternité.

Je confesse m'être parfois moqué des femmes qui reviennent au travail complètement changées après leur congé maternité. Après leur accouchement et quelques semaines avec leur nourrisson, elles ont une sorte de « révélation » et donnent un nouveau sens à leur vie. Une vie où l'ambition professionnelle a moins d'importance. Où l'envie d'être avec son bébé prime celle d'être au travail. Où leur chemin professionnel ressemble à une impasse et, par effet miroir, donne à la carrière des hommes l'opportunité d'un boulevard. Il faut être honnête : en France, les hommes tirent avantage de ce congé maternité. Dans des milieux professionnels compétitifs, ils bénéficient d'un double effet : l'absence de la mère pendant plusieurs mois et son retour avec une perte de motivation.

Comme un boomerang, je me prends le *paternity blues* en pleine tête. Et c'est avec beaucoup d'appréhension que j'ouvre la porte du grand building et retrouve mon ordinateur. Je suis quand même enthousiaste à l'idée de reprendre un mode de vie normal avec des discussions intéressantes entre collègues, mais je suis déjà nostalgique des sourires de Nora quand elle joue à cheval gendarme sur mes genoux, de nos promenades à Akerselva, des rigolades avec les mousquetaires, Mikkel et tous les pères norvégiens que j'ai rencontrés. C'est sûr, pour ma première journée, je rentrerai à 16 heures 30 pour câliner ma fille.

Mon dernier mois de congé paternité n'a pas été de tout repos. Il a consisté en une série d'entretiens pour trouver une nounou, car Nora n'a pas eu de place en crèche avant janvier 2019. Louise travaillant, j'ai donc pris en charge le recrutement en me rendant sur le site Internet rose bonbon des nounous norvégiennes (dagmamma.no). J'ai fait défiler les profils, sans trouver beaucoup de choix dans mon quartier. Peu de femmes répondaient à mon annonce. Heureusement, j'ai trouvé Emily. Après plusieurs entretiens, cette jeune Philippine à la formation de sage-femme qui venait d'arriver en Norvège m'a semblé vraiment compétente. Je me suis senti prêt à lui confier Nora.

« Je suis l'aînée d'une grande famille », m'a-t-elle dit, ce qui m'a rassuré, même si elle n'a pas de références en Norvège. À croire que ce long congé m'a fait gagner en planification, j'ai préparé un agenda avec une période de passation très précise. Ainsi, les dix jours précédant ma reprise de travail, Emily est venue s'occuper de Nora tous les matins. D'abord avec moi à ses côtés, puis, peu à peu, elle est restée seule avec Nora de manière à gérer la transition en douceur. Je me suis surpris à avoir du mal à couper le cordon et à m'inquiéter de la laisser seule avec une autre personne. Mais Nora a très vite adoré jouer avec les longs cheveux d'Emily. Parfois, quand je quitte l'appartement, je l'entends pleurer derrière la porte quelques secondes et attends que ses pleurs cessent pour sortir de l'immeuble.

Si j'ai l'impression d'être une caricature de mère en retour de congé maternité, d'avoir mûri et de voir le monde autrement, mon entreprise, elle, n'a pas changé. C'est peut-être ce contraste qui est le plus dur à gérer. Surtout quand Lisa, de la finance, vient me voir dans mon bureau, après m'avoir transmis un fichier Excel d'une vingtaine d'onglets.

« Je ne veux pas t'embêter le jour de ton arrivée, mais j'ai besoin d'une analyse de nos ventes et d'une recommandation d'établissement de boutique dans la région de Bergen. »

Bergen est la ville norvégienne où il pleut le plus au monde : deux cent trente-neuf jours par an. La consommation de café y est par conséquent une des plus élevées et je comprends que Lisa m'invite à une réunion « asap[14] » sur le sujet.

---

14. Asap : *as soon as possible* (« dès que possible », en anglais).

« Laisse-moi quand même le temps de boire un café », dis-je, à la recherche de mon mot de passe pour ouvrir l'ordinateur.

Avant de me lancer, j'essaie de retrouver mes repères. La folie des e-mails à trier, les réunions qui vont s'enchaîner, les passations qui s'organisent. Le rythme est soutenu, comme d'habitude. J'avais oublié cette fatigue de la concentration continue, très différente de celle du congé.

Ce qui me marque, c'est la rapidité avec laquelle mes collègues intègrent ma présence. Comme si presque rien ne s'était passé, comme si je n'avais jamais quitté les lieux et que je faisais partie des meubles. Certains collègues me demandent si j'étais parti, d'autres avouent ne même pas avoir noté mon absence. Je ne sais pas comment le prendre...

Je n'ai pas trop le temps de penser à ma fille. Mais sa nounou m'envoie régulièrement des messages. Elle interagit beaucoup plus avec moi qu'avec ma femme, puisque j'ai géré la période de transition. Je ne dois pas simplement répondre aux questions de Lisa sur Bergen, mais aussi à celles de ma nounou sur ma fille.

Lisa : « Pourrais-tu calculer nos prévisions de ventes par Internet à la suite de l'ouverture de notre boutique à Bergen ? »

Moi : « Oui, sur quelle période ? »

La nounou (par SMS) : « Je peux lui donner son smoothie en même temps que le pain ou d'abord le pain après le smoothie ? »

Lisa : « Je pense qu'il faut faire un scénario jusqu'en 2020. »

Moi (à la nounou, par SMS) : « Comme tu le sens. »

Moi (à Lisa) : « OK, comme tu le sens. »

Lisa : « Tu as besoin de combien de temps pour l'analyse ? »

La nounou (par SMS) : « Elle n'a pas beaucoup dormi ce matin. Combien d'heures dure sa sieste d'habitude ? »

Moi à Lisa : « Deux semaines. »

Moi à la nounou (par SMS) : « Deux heures. »

Lisa : « Deux semaines, c'est un peu long, on en avait besoin la semaine dernière. »

Moi à Lisa : « Deux heures alors ? »

Lisa : « Super, Tristan, ça va le faire. Dernière question : tu peux projeter les ventes des concurrents ? Tu penses inclure quelle marque dans ton analyse ? »

La nounou (par SMS) : « Dernière question, il n'y a plus de couches, c'est taille 4 ou 5 qu'il faut acheter ? »

Moi (à Lisa) : « Ça dépend. Pampers, c'est taille 4 et Libero, c'est taille 5. »

Lisa : « Quoi ? »

Moi : « Désolé ! J'apprends à gérer le concept de la charge mentale et le don d'ubiquité. »

Avant de peut-être plonger dans un *paternity blues*...

Tristan, super papa, vraiment ?

La parole à Louise

Oslo, 10 juin 2019

Mais alors, Tristan, où sont passées tes bonnes habitudes ? Toi qui m'expliquais pendant ton congé avoir tout compris de la charge mentale, de la logistique du foyer et qui es devenu expert de l'éducation des enfants. Toi qui as commencé ce congé paternité grincheux et l'as fini nostalgique, fort de toutes tes rencontres, de tes activités et de ton expérience réussie d'homme au foyer. Redeviendrais-tu Français maintenant que ton congé paternité norvégien est terminé ?
Tu as repris le travail depuis six mois et, curieusement, je ne t'ai plus vu nettoyer activement la maison, étendre le linge ni même planifier les courses. Les idées de rangement doivent à nouveau venir de moi. Nous avons chassé le naturel de notre couple pendant cinq mois, reviendrait-il au galop ? Si tu ne sais plus où se trouve l'aspirateur, je te rappelle que je l'ai rangé dans ton armoire, en dessous de tes costumes. Tu n'as pas compris ce message subliminal ? Curieux !

À défaut de t'être transformé en Monsieur Propre, tu es resté Monsieur Couche et je rigole chaque jour quand Nora te regarde et te dis « papa caca » parce qu'elle attend que ce soit toi qui la changes. Je suis heureuse que ce congé ait renforcé tes liens avec nos enfants. Nora te réclame toujours autant et Émile s'impatiente de pouvoir jouer aux cartes et au Mille bornes avec toi. J'apprécie que tu essaies de rentrer tôt du travail pour leur donner le bain et continuer la routine des histoires du soir. Ils adorent la présence de leur père. Je sais qu'il est difficile de lier ambition professionnelle et investissement à la maison.

En plus de nos différences culturelles, nous avons aussi des différences de personnalité. Je suis plutôt maniaque sur la propreté et me plais à organiser les tâches familiales, alors que tu es davantage étourdi et conserves une ambition de carrière. Cette expérience, je pense, nous a fait mutuellement sortir de nos zones de confort.

J'ai essayé de ne pas trop m'immiscer dans ton emploi du temps. Si je n'ai pas réussi à lâcher prise, pardonne-moi ! S'il y avait trop de Post-it® collés sur les murs à propos des tâches de la journée à ne pas oublier, sache qu'il s'agissait d'autocollants d'amour. Je savais dès la première minute que tu saurais t'adapter à ta nouvelle routine. Mais tu es si distrait que je n'ai pas résisté à la tentation de te rappeler les échéances de rendez-vous chez le médecin, les tâches administratives, les types de vêtements pour Nora. Car oui, en automne, à Oslo, on met un bonnet sur la tête de sa fille. Au fait, tu crois que je ne savais pas pour l'histoire du sac perdu de Nora ? Combien de fois est-elle rentrée de tes sorties entre potes avec une tétine en moins ou le pull d'une autre petite fille ?

J'ai pu moi-même manquer de logique en te poussant à un long congé paternité et en souhaitant parfois tout contrôler. Petit à petit, tu as géré à ta manière et j'ai arrêté de demander combien de temps Nora avait dormi. J'ai adoré que tu me mettes devant mes contradictions, m'invitant à profiter de mon temps libre pour penser davantage à moi. J'ai pris plus de responsabilités au travail et pu commencer des activités extraprofessionnelles pour m'épanouir. Le changement de routine m'a été bénéfique.

Je confesse une pointe de jalousie. Mon congé maternité s'est déroulé en plein hiver avec des températures glaciales et je suis restée trop souvent à la maison. De ton côté, tu as eu le soleil et le beau temps et tu en as pleinement profité. Tu as enchaîné les sorties collectives, tu as tissé de nouvelles amitiés et tu as découvert une dimension culturelle forte de mon pays. Tu m'as impressionnée par ton activité et ton dynamisme. Et bravo pour tous les parcours du combattant que tu as préparés pour Nora, cela lui a permis de marcher dès dix mois. Mais cela n'aurait pas été un échec si elle avait eu besoin de plus de temps, la vie n'est pas une compétition, monsieur Champion !

Tu enjolives parfois le style de vie scandinave, car ce modèle de congé partagé ne rime pas avec bonheur dans tous les foyers. Les mères doivent faire face à une double pression contradictoire émanant de la société :

allaiter le plus longtemps possible pour le bien-être de l'enfant et laisser le père s'investir en partageant le congé parental. Dans cet exercice délicat, j'ai heureusement pu bénéficier de ce que la France appellerait une « RTT allaitement ». La directrice de mon établissement a aménagé mes horaires pendant ton congé paternité en me permettant de commencer plus tard au travail et de rentrer plus tôt pour allaiter Nora.

Mais ce dont je suis de loin la plus fière, ce sont les valeurs que tu portes à travers ton engagement pour le congé paternité dans ton pays d'origine. Grâce à ta créativité, tu es parvenu à travers ton blog à inspirer beaucoup de Français et de Françaises. Tu as réussi grâce à l'originalité de tes chroniques à intéresser les médias. Quand, en l'espace de quelques semaines, certains de tes articles et de tes vidéos ont été partagés des millions de fois et que nous avons reçu M6, France 2, Arte et la télévision suisse RTS pour nous filmer, j'ai vraiment été étonnée de l'importance que le blog prenait.

Plutôt pudique, je jugeais les caméras dans notre salon comme intrusives et c'est ta démarche militante qui m'a fait accepter que l'on filme ainsi nos enfants. Et que répondre aux journalistes qui me demandaient : « Est-ce que cela vous a semblé étrange de voir votre mari gérer la vie domestique cinq mois sans vous ? » Je me suis dit intérieurement que le chemin vers un congé parental alterné sera encore long si les Français pensent de cette manière.

Et puis, cerise sur le gâteau, même notre grand média national norvégien s'est intéressé à toi. Mes collègues t'ont toutes vu au journal télévisé de NRK. Elles ont bien rigolé de ton accent français, mais tu as suscité le respect de beaucoup, ici. Les Norvégiens sont très fiers quand les médias français s'intéressent à eux !

Grâce à ton livre, tout le monde sait maintenant que je suis l'instigatrice de ce long congé. Sans moi, rien de tout cela n'existerait. Alors oublions le proverbe machiste : « Derrière chaque grand homme se cache toujours une femme. » Privilégions : « Devant chaque grande femme se montre toujours un homme. »

Le mien !

Tribune pour l'instauration d'un congé parental alterné en France

Co-écrite avec Patrice Bonfy, fondateur de Le Paternel

Les hommes ne portent pas de bébé dans leur ventre. Ils n'accouchent pas. Ils n'allaitent pas. On ne peut compter que sur les femmes pour ces missions. En revanche, toutes les autres tâches parentales peuvent être assumées sans discrimination par un homme ou une femme. On sait pourtant que l'arrivée d'un enfant transforme les habitudes domestiques et professionnelles des couples de parents au détriment, majoritairement, de la mère. Elle reçoit une plus grosse part de tâches parentales et ménagères, et fait de plus grands sacrifices professionnels, qui peuvent entraîner des inégalités salariales à long terme.

Des actions sont mises en place par certaines entreprises pour donner plus de place aux femmes. Mais, pour que ces initiatives soient efficaces, il faudrait parallèlement créer les conditions d'une réelle implication des hommes dans leur famille. La nouvelle génération de pères est prête : 54 % des 18-30 ans souhaiteraient prendre un congé parental prolongé. Ils sont freinés par la perte de rémunération et la peur d'être mis sur la touche par leurs collègues.

Il faut reconsidérer l'ensemble des congés liés à l'accueil d'un enfant, et les réformer avec deux objectifs : garantir la santé de la mère et de l'enfant, et promouvoir l'égalité de chances et de droits des parents, quelle que soit leur situation familiale. Voici notre proposition, inspirée du modèle nordique.

Le congé prénatal : réserve médicale protégée

Le corps médical considère qu'il est préférable pour la santé de la femme enceinte et du bébé que la mère arrête le travail quelques semaines avant la date présumée de l'accouchement. Cela justifie les modalités actuelles du congé prénatal de la femme, rémunéré par la Sécurité sociale, qu'il convient de préserver : six semaines avant la date du terme, que la mère peut, sur avis médical favorable, réduire jusqu'à trois semaines, en reportant les semaines « gagnées » sur son congé d'après la naissance.

Nous ne voyons pas de raison urgente de prévoir un congé pour le futur père ou l'autre parent avant la naissance de l'enfant.

Le congé de naissance : aucune mère seule chez elle

Il est démontré que laisser la mère seule chez elle pendant les semaines qui suivent son accouchement augmente les risques de mortalité infantile et de dépression post-partum. À ce titre, permettre la présence à la maison du père ou de l'autre parent, pour aider la mère à accueillir son enfant et à se remettre de son accouchement, est un enjeu de santé publique.

Tous les accouchements ne sont pas égaux. Certaines situations médicales demandent plus de temps de rétablissement, pour la mère ou pour l'enfant. Nous recommandons de créer le « congé de naissance » pour la mère d'une durée standard de deux semaines, prolongeable sur avis médical, pour prendre en compte les cas plus compliqués.

En parallèle de ce congé de naissance de la mère serait mis en place le « congé de naissance obligatoire du père », d'une durée égale à celui de la mère. Donc deux semaines (ou plus si complication) de congé immédiatement après la naissance, rémunéré pour trois jours par l'entreprise, et pour le reste par la Sécurité sociale.

Mais il n'y a pas toujours de père. Pour permettre qu'aucune femme ne soit seule chez elle après son accouchement, il faut aussi créer le « congé de naissance aidant », attribué, en l'absence de père, à une personne choisie par la mère, avec une durée et une rémunération égales au congé de naissance du père.

Le congé parental d'accueil : l'alternance vers plus d'égalité

Une fois ces premières semaines cruciales passées s'organise la vie dans le foyer. Il ne serait pas pertinent de remettre en question la durée de congé rémunéré accordé aux mères. On prévoit huit semaines d'un nouveau « congé parental d'accueil » rémunéré pour la mère. Soit un total, avec les six semaines de congé prénatal et les deux semaines (ou plus si complication) de congé de naissance, de seize semaines, comme l'actuel congé maternité.

Les trois jours de congé de naissance et les onze jours de congé paternité actuellement prévus pour les pères, nous les avons transformés en deux semaines de congé de naissance obligatoire du père.

Faut-il mettre en place un congé rémunéré supplémentaire pour les pères ? Dans quel but et quelles conditions ?

L'égalité réelle entre les mères et les pères, dans la famille comme dans l'entreprise, ne peut exister qu'à deux conditions : les pères doivent être en mesure, sans sacrifice financier, de consacrer à l'accueil de leur enfant un temps éloigné de l'entreprise quasi égal à celui des mères ; ils doivent aussi être mis en situation de responsabilité principale dans leur foyer, pour ne pas rester « assistants » de la maman et ne pas lui laisser toute la charge mentale.

Nous proposons donc d'instaurer le congé parental d'accueil de huit semaines pour le père, rémunéré par la Sécurité sociale, ne pouvant être posé que quand la mère a repris le travail.

Par ce long congé rémunéré, levons le frein financier des pères qui envisagent le congé parental. L'entreprise sera bien forcée de changer son regard sur le « risque » de parentalité quand il concernera de manière de plus en plus égale les hommes et les femmes.

Par l'alternance obligatoire qui fera passer aux pères de nombreuses journées seuls en charge du foyer, osons confier aux hommes, au moins pour deux mois, les clefs de la boutique familiale. Cela leur ouvrira les yeux à long terme sur les tâches ménagères et éducatives.

Le coût de ce congé sera de plus largement compensé par le fait que les deux mois de congé du père décalent d'autant l'entrée de l'enfant dans le système de garde collective, largement subventionné par l'État. La

France manque par ailleurs de 250 000 places en crèche et, plutôt que de les créer, le congé parental alterné peut représenter une partie de la solution.

Le congé parental d'éducation : le même, mieux expliqué

Le congé parental d'éducation actuel permet aux parents de suspendre leur carrière pour un temps long, sans rémunération mais avec la garantie de retrouver leur emploi à leur retour. C'est un bon dispositif, mais les salariés, surtout les hommes, n'en sont pas toujours bien informés.

La mise en place d'une telle réforme des congés de parentalité est ainsi l'occasion d'une prise de conscience collective. Penser aux parents, c'est penser en parent. C'est se souvenir que la boussole de toutes nos décisions doit être la génération qui vient, celle de nos enfants. Les défis de notre temps ont terriblement besoin de ce nouvel horizon.

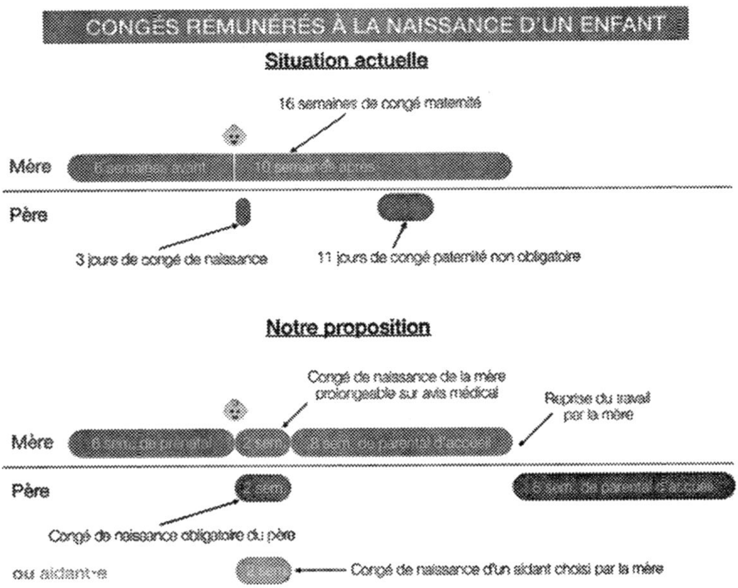

Le Paternel

Bibliographie

NORVÈGE

« Le congé paternité en Norvège : plus populaire que jamais », Statistikk sentral byrå (Bureau central des statistiques) : https://www.ssb.no/befolkning/artikler-og-publikasjoner/fedrekvoten-mer-populaer-enn-noen-gang--298200

« Impact des politiques familiales sur les inégalités salariales H/F », Statistikk sentral byrå (Bureau central des statistiques) : https://www.ssb.no/en/forskning/discussion-papers/parenthood-and-couples-relative-earnings-in-norway-2005-2014

« Profil des pères norvégiens qui ne prennent pas leur quota », Institutt for samfunnsforskning (Institut de recherche sociale) : https://samfunnsforskning.brage.unit.no/samfunnsforskning-xmlui/handle/11250/2446441

« L'augmentation du quota du père n'a pas augmenté l'égalité sur le marché du travail », Institutt for samfunnsforskning (Institut de recherche sociale) : https://www.samfunnsforskning.no/core/aktuelt/nyheter/okt-fedrekvote-ga-ikke-mer-likestilling-i-arbeidsl.html

« Les papas velours », Kilden Kjønnsforskning (Centre d'étude norvégien sur l'égalité homme-femme) http://kjonnsforskning.no/nb/2013/03/den-myke-menneskemannen

L'impact sur le PIB norvégien du congé paternité : https://forskning.no/arbeid-kjonn-og-samfunn-likestilling-okonomi/2016/06/norge-dersom-damene-dro

Interview de la leader du syndicat patronal norvégien : « Un doublement du congé paternité apporterait davantage d'égalité salariale », article paru sur le site de la NHO : https://www.nho.no/tema/arbeidsliv/artikler/--en-dobling-av-pappapermen-vil-gi-mer-likestilling-i-arbeidslivet/.

Profil des pères prenant de longs congés paternité en Norvège : https://www.nav.no/no/NAV+og+samfunn/Kunnskap/Analyser+fra+NAV/Arbeid+og+velferd/Arbeid+og+velferd/fedrekvoten-uttak-og-holdninger

11,5 % du personnel travaillant dans les jardins d'enfants sont des hommes en Norvège : https://www.barnehage.no/artikler/ansetter-du-en-mann-kommer-flere/426486

SUÈDE

Première campagne pour le congé paternité en Suède avec Lennart « Hoa-Hoa » Dahlgren, Feministisktperspektiv (Perspective féministe) : https://feministisktperspektiv.se/2011/10/21/synen-pa-pappa-varierar-i-kampanjer-for-pappaledighet/

The effect of own and spousal parental leave on earnings, IFAU, Swedish Institute for Labour Market Policy Evaluation : : https://www.ifau.se/globalassets/pdf/se/2010/wp10-4-the-effect-of-own-and-spousal-parental-leave-on-earnings.pdf

INTERNATIONAL

Chiffres de l'OCDE sur le taux d'emploi par pays (homme versus femme) : https://data.oecd.org/emp/employment-rate.htm

FRANCE

Hélène Périvier, « Réduire les inégalités professionnelles en réformant le congé paternité », *OFCE Policy Brief*, Sciences Po Paris, 2017.

Kristin Berg Nordahl, *Early Father-Child Interaction in a Father-Friendly Context : Gender Differences, Child Outcomes, and Protective Factors related to Fathers' Parenting Behaviors with One-year-olds*), thèse de doctorat, Université de Bergen, 2014.

Les bienfaits de l'implication des pères chez l'enfant la première année : https://forskning.no/samliv-sosiale-relasjoner-barn-og-ungdom/mye-tid-med-pappa-er-bra-for-barnets-utvikling/551700

Remerciements

POUR LE CONGÉ PATERNITÉ

À Gro Harlem Brundtland, Première ministre norvégienne ayant instauré le « quota du père ».

À tout le secteur associatif de la commune d'Oslo, qui facilite la vie des parents en congé

À tous les barbes à papa avec qui j'ai partagé cette expérience : Adrien, Alexandre, Amel, Einar, Frédéric, Johanes, Marvin, Mikkel, Pierre, Per, Preben.

POUR LE PROJET DU BLOG

Aux nombreuses « followeuses » et aux quelques « followeurs » de mon blog Barbe à papa, et notamment à Lisa, qui m'a poussé à me lancer.

À tous les journalistes qui ont relayé mes chroniques ou m'ont rendu visite à Oslo pour réaliser un reportage sur le modèle nordique.

À deux hommes engagés : Maxime, ami du lycée, et Patrice, fondateur du site lepaternel.com et coauteur de la tribune « Pour le congé parental alterné ».

POUR L'ÉCRITURE DU LIVRE

À mon grand-père Philippe, dont les poèmes restent toujours au chevet de mon lit.

À l'organisme Esprit Livre, qui m'a donné confiance pour entamer la démarche de l'écriture papier.

À mon éditrice Emmanuelle, qui a su m'accompagner et me diriger dans cette aventure littéraire.

ET PAR-DESSUS TOUT

À ma famille qui m'a donné le goût du voyage.

À ma belle-famille qui m'a donné le goût de la Norvège.

À Louise, mon épouse, de loin la plus belle rencontre de ma vie.

Photocomposition Nord Compo

Édité par Hachette Livre
(58, rue Jean Bleuzen, 92178 Vanves Cedex)
Imprimé par CPI Brodard et Taupin en France
pour le compte des éditions Marabout.
Dépôt légal : décembre 2019
27.8963.5 / ISBN : 978-2-501-14830-6
N° d'impression : 3036516